# 亚太战争审判

## ASIA-PACIFIC WAR CRIMES TRIALS

# 全纪实

上海广播电视台纪录片中心
陈亦楠工作室 著

上海交通大学出版社
SHANGHAI JIAO TONG UNIVERSITY PRESS

## 内容提要

纪录片《亚太战争审判》第一次以影像的形式全景式展示了同盟国在亚太地区对日本军队战争暴行的审判。摄制组克服了地域辽阔、时隔久远，特别是研究成果不足等种种困难，从繁华的都市到荒僻的远乡，从大陆腹地到太平洋的孤岛，遍访硕果仅存的历史事件的当事人以及知情人和相关学者，以平和、理性，同时富有情感的态度和眼光，难能可贵地重塑了那一段不应被遗忘的历史。本书概览式地讲述了亚太战争审判的全貌，以及纪录片的艰辛拍摄历程。

**图书在版编目（CIP）数据**

《亚太战争审判》全纪实/陈亦楠工作室著. —上海：上海交通大学出版社，2021.9
　　ISBN 978-7-313-25216-6

　　Ⅰ. ①亚… Ⅱ. ①陈… Ⅲ. ①远东国际军事法庭—审判—史料　Ⅳ. ①D995

　　中国版本图书馆CIP数据核字（2021）第153164号


《亚太战争审判》全纪实
《YATAI ZHANZHENG SHENPAN》QUANJISHI

著　　者：陈亦楠工作室
出版发行：上海交通大学出版社　　　　　　　地　　址：上海市番禺路951号
邮政编码：200030　　　　　　　　　　　　电　　话：021-64071208
印　　制：苏州市越洋印刷有限公司　　　　　经　　销：全国新华书店
开　　本：710mm×1000mm　1/16　　　　　印　　张：16.5
字　　数：217千字
版　　次：2021年9月第1版　　　　　　　　印　　次：2021年9月第1次印刷
书　　号：ISBN 978-7-313-25216-6
定　　价：88.00元

# 编 委 会

# 序一

上海交通大学东京审判研究中心主任　程兆奇

这本书是八集纪录片《亚太战争审判》的一个副产品。

《亚太战争审判》于去年9月初在东方卫视、纪实人文、上海外语频道三个频道播出后，获得了观众的广泛好评。还记得第一集刚刚播完，东京审判中国法官梅汝璈之女梅小侃在群中即用了"震撼"两字表达观后的感受。小侃先生作为长期关注东京审判研究的行家，她的第一感具有指标的意义。战后亚太地区对日本战犯有两类审判。广义的"亚太战争审判"，是包括东京审判的所有审判。狭义的"亚太战争审判"，是指东京审判以外的审判。再细分还可分为与东京审判大体同时、属于盟军系统的BC级（乙丙级）审判，以及不属于盟军系统的新中国审判与苏联审判。《亚太战争审判》包括了东京审判以外的所有审判。

影片《亚太战争审判》的影碟出版时，出版社希望我写一个荐辞，我写了下语：

> 纪录片《亚太战争审判》第一次以影像的形式全景式展示了同盟国在亚太地区对日本军队战争暴行的审判。摄制组克服了地域辽阔、时隔久远，特别是研究成果不足等种种困难，从繁华的都市到荒僻的远乡，从大陆腹地到太平洋的孤岛，遍访硕果

仅存的历史事件的当事人以及知情人和相关学者,以平和、理性,同时富有情感的态度和眼光,难能可贵地重塑了那一段不应被遗忘的历史。

这是一部普通观众、专家学者都值得观看的不可多得的好片。

这是去年4月初在上海电视台审片时留下的深刻印象。今天翻开采访记,对此片的构想和拍摄的不易,有了更进一步的了解。深感陈亦楠她们的努力以及拍摄过程本身,也很有分享给关心这一问题的读者的价值。

《亚太战争审判》是纪录片《东京审判》第三季的一部分。在介绍本书之前,我想简单回顾一下《东京审判》的缘起。2015年,正逢抗战胜利70周年,当时不少媒体都在筹划70周年的专辑。亦楠和陈冰等四位姑娘正是在那时来到了我们在剑川路租借的研究室。说实在,最初我是消极的。消极的理由当然和荒诞夸张的"神剧"有关,但主要还是因为包括纪录片的大多数相关作品的高亢声调,让人感到很难再有理性表述的空间。所以我说,如果我们来参谋,一是希望你们当作可传的作品来认真做,而不是仅仅为了70周年应个景;更重要的是希望能以平和的语调、说理的方式,而不是慷慨激昂的高调来表现。特地记下这一幕,是因为在那样的纪念氛围中把一个带有宣传目的的作品的调子压低十分不易,而亦楠她们对分寸的拿捏恰到好处。第一季后来在新加坡获得亚洲电视节最佳系列纪录片大奖,我想和它的以理服人的特色有很大的关系。

第二、第三季的拍摄是一个意外。第一季播出的下一年5月,中宣部国传局胡凯红局长带队来我们研究中心调研,在撰写著作、书展推广、组织会议等建议外,凯红局长还提出可否拍一部纪录片。当从陪同考察的上海市委外宣办主任徐威处得知,亦楠她们已拍摄过一部相当成功的纪录片时,当场确定由她们续拍一部新片。不久,我们赴京向中宣部汇报计划,同时慎重提出,考虑到东京审判纪录片中外都曾拍摄,而其他审判几乎从未受到关注,因此希望能拍一部包括整个亚太地区审判的全景式纪录片。这一提议得到了中宣部组织的专家组的认可。

第二季因有第一季的成功经验，加上"东京审判"已有的研究广泛而深入，拍摄过程还算顺利。影片播放后，得到不少观众好评的同时，还获得中国新闻奖一等奖等一系列奖项，称得上既叫座又叫好。第三季的总名虽仍是《东京审判》，其中的《亚太战争审判》其实是可以单独析出的全新片子。

有了《东京审判》前两季的基础，《亚太战争审判》的拍摄组已是十分成熟的团队。但"亚太战争审判"的研究，对我们研究中心来说，只是在几个点上刚刚起步，设计总体框架、确定基本方向，还可有一助，但具体内容，尤其是如何完成这样一个对研究者来说也较为陌生的领域的纪录片制作，我们也无从措手。所以，中心成员以及顾若鹏教授等不少学者虽然挂名顾问，但纪录片取得的成就，主要还是靠亦楠团队自己的努力。

第二集《活着回家》导演王静雯手记开头这样说：

> 按下邮件发送键，我怀着忐忑的心情开始祈祷：千万要看到，千万要回我，千万要答应我！其实，这样的场景在此之前已经重复了很多次。这是我为了找到"里斯本丸"事件的相关采访人物，在一个星期内发的第12封邮件，而之前的11封要么石沉大海，要么被婉拒。
>
> 两天后的2019年1月20日晚上10点38分，我终于等到了期盼已久的回复，这封回信来自"里斯本丸"研究专家、英国退伍少校布莱恩·费恩祺先生。布莱恩给我回了一封长长的信，他的回复令我十分振奋……

看到这一段我心想，一周内连发12封信，这要多大的耐心和坚忍啊！静雯的"振奋"，让人感同身受。如果不是这样锲而不舍，就不可能抢救到今天来为"里斯本丸"现身说法的最好人选——"里斯本丸"的唯一幸存者、百岁老人丹尼斯·莫利。

与其他题材的准备和拍摄可以从容不迫、按部就班不同，本片的摄制组是在和时间赛跑。丹尼斯·莫利先生今年1月3日去世了，摄制组幸而抓住了最后的机会。而"九州大学活体解剖事件"在世的唯一目击者东野利夫，自1979年出版《污名："九州大学活体解剖事件"真相》以来，长年为解明真相不懈努力，本来相会应该不难，但第三集《生死飞越》的导演王芳虽经努力，仍因东野先生病体不便而失之交臂。（东野先生今年4月13日去世了。）

除了争分夺秒，选材也很费周思。因为不仅要兼顾代表性和可能性，也要考虑适合纪录片的形象表现。诸如此类，都不是单凭框架设计和现有资料便可"顺理成章"完成的。所以，此片的成功，最重要的是每位导演各尽所能，都发挥了很大的能动性。第四集《魂断异乡》的内容是澳大利亚审判。按原来的设想，无外乎是在澳大利亚档案馆拍些档案，找几位当地专家，最好再能有几位当事者的后人，以此串成一集。但导演俞洁在阅读相关文献中注意到，当时在拉包尔服苦役的中国军民中居然有57名"八百壮士"。这一发现，激发了她一探究竟的好奇心。于是她去了我们所有人都十分陌生的巴布亚新几内亚，开始了她所说的"职业生涯中最曲折离奇的一次"拍摄：

> 这个热带国家至今没有高速公路，土路上大坑连着小坑，到处是茂密的热带丛林，还有各种蚊蝇，拍摄途中摄制组还差点遭遇打劫。在21世纪的今天，我们还遇到这么多的困难，很难想象，70多年前战俘们是怎样捱过那3年的。

跟着俞洁的镜头，我们不仅看到了静卧在水下的飞机残骸、战俘们修建的蜿蜒的坑道等真正原生态的战时遗迹，以及从集中营走出来、以后两任巴布亚新几内亚总理的华裔老人陈仲民的讲述，更让人切实体会到了现代侵略战争的危害"无远弗届"，再远的偏乡也成不了免灾的避风港。

与同盟国家组织的东京审判不同，各国对日战犯审判追究的主要是战争暴行，因此反映日军暴行是本片的主题之一。迄今为止全景式反映东京审判以外的亚太地区审判的纪录片，本片是唯一一部，但反映日军暴行的纪录片俯拾皆是。如果说本片与许许多多揭露暴行的纪录片有所不同，除了紧扣审判对象的角度，主要就是平和与理性的态度。第五集《万劫难归》集中反映了英军审判中有关日军在香港和星洲迫害华人的罪行，其中不少罪行令人发指。如罗荣基老人眼中噙着泪花讲述的让他们"含泪过生活"的父亲被害往事，沈素菲老人回顾的少时父亲被残杀、母亲也因伤痛而死的悲痛经历。但这些本来很容易燃起观众敌忾心的故事，在本片中没有转化为仇恨和怨愤。不仅没有仇恨和怨愤，本集导演朱雯佳记录在新加坡参加沈素菲老人的跨国听证会的感受时甚至用了"温情"两字。我想雯佳特别记下的"温情"，当非随笔，这是比理性更为难能可贵的境界。

　　文献的不足是拍摄本片需要克服的基本困难之一。本片拍摄之际，东京审判研究中心与中国第二历史档案馆合作整理的国民政府审判日本战犯档案汇编尚在进行途中，所以与东南亚的各集同样，我们未能给予第六集《绳之以法》以有效的帮助。但国民政府审判的概貌，特别是精神，通过戴诚娴导演的努力，还是很好地传达给了观众。通过上海军事法庭第二任庭长李良的女儿李家璟之口，我们知道李法官对待审判的态度是："务使每一案件，勿枉勿纵，绝无遗憾"。诚娴的体会是：审判之所以没有一任性情，而是"克制""民族悲情"，是因为心中有着"司法正义"。这很好地解答了这样的疑问：为什么在遭受日本侵略的亚洲国家中，论受害时间之长、规模之大、程度之甚，没有哪个国家可以和中国相提并论，但战后亚洲地区的七国八府对日本战犯审判，中国无论在有罪比例上还是重罪比例上，反而显得最为宽大？其中的根本原因，与其说是所谓"以德报怨"等大方针的影响，还不如说是日军在中国的犯罪由于地域辽阔、时隔久远，特别是迁徙频繁，造成了战后审判取证的困难，而中国法官坚守着"勿枉勿纵"的"司法正义"，因此而有以致之。这是中国审判最了不起之处。(也可驳日本右翼所谓"胜者的审判",相关问题我在顾若鹏《日本战争罪行与中国审判》中文版序言中已有论述,此处不再重复。)

我一直觉得,如果心中还有天下苍生,战争没有赢家。第七集《良知救赎》导演敖雪说,拍摄战争审判给她的最大感受就是"在战争中,每个人都是受害者",她因此将这句话作为本集最后的旁白。这种不约而同,并不是谁别具只眼,而是这种感受最符合所谓"人之常情"。本集中"北疃惨案"的幸存者李庆祥老人,时隔80年,心中的苦痛仍未抚平,至今回忆起未能从日军施放毒气的地道中逃离的妹妹时,仍不禁落泪。受害者如此,只要天良未泯,"加害者"亦复如此。本集另一主要受访者、日本大久野岛毒气工厂的工人藤本安马,从法的角度,无论如何罪都安不到他头上,但他坚持良心立场,认为自己参与了制造杀人毒气即是有罪。为此还曾专程来到北疃村谢罪,得到庆祥老人"你们也是被逼的,你也是战争的受害者"的诚恳谅解。在世的毒气工厂员工中,唯有藤本老人痛悔战时经历,而藤本的同事,战后都三缄其口。但无论他们有无反省,取何种立场,不少人都因中毒而长久为病痛缠绕。据藤本先生回忆,当年制造毒气时,甚至有人当场中毒身亡。从这一点上说,确乎"每个人都是受害者"。

在战后审判,甚至人类古往今来的所有审判中,新中国审判是最为特殊的一场审判。与一般审判以惩罚罪犯为目的不同,新中国审判实行的是"改造",目的是实现战犯的所谓"从鬼到人"。随着相关文献和当事人回忆等的公开,我们已大致了解新中国审判确有策略性考虑,但能让昔日的罪犯心悦诚服认罪,而且这种"觉悟"在释放回日后终生不变,不能不说是个奇迹。第八集《人性召唤》的导演宣福荣将他的手记题为"一场开创未来的战争审判"。我不知道小宣所说的"未来"仅是指让这些战犯获得重生?还是指可以作为未来审判的示范?我觉得新中国审判是在特定条件下,与普通审判形似实异的一场实验。虽然它与源自西方的现代审判的精神殊为不同,但它与中华文明中"胜残去杀"的圣人之教和"止狱措刑"的儒家理想有着一脉相通的关联。时移世易,新中国审判大概很难再被复制,但它作为既有着悠久渊源,又非常超前的十分特殊的审判,必将具有长久的参考价值。

本书发稿前夕,传来了《亚太战争审判》荣膺"美国电视界奥斯卡奖"的第42届泰利奖(The Telly Awards)电视系列片历史类金奖的喜讯。作为一部"中国"印记明显的作品,得到西方世界最重要的电视片奖,说明亦楠们通过艰辛努力取得的成绩有公认的价值,值得祝贺。最后,我想援引亦楠在手记结尾的朴素愿望作为这篇序言的结尾:

> 二战的硝烟虽然已经过去70多年,但真相不应该随着时间的流逝而日渐模糊,每个在这个世界上存在过的生命不该卑微地逝去。它们也在时刻警示着世人,珍视和平,不要重蹈历史覆辙。

2021年5月

# 序二

上海广播电视台台长　宋炯明

为纪念中国人民抗日战争暨世界反法西斯战争胜利75周年，由上海广播电视台承制的中宣部重大外宣项目八集系列纪录片《亚太战争审判》问世。该片聚焦二战后各同盟国对日本BC级（乙丙级）战犯审判，展现了日军在太平洋战场犯下的暴行以及战后国际社会以法理精神惩治战争罪行的历史。对这段历史作全景式的影像呈现，在全球范围尚属首次，填补了该领域内的影视作品空白。

75年前，中国代表团在如今的上海锦江饭店集合，出发前往日本东京开启战后审判的征程；75年后，上海电视媒体人不远万里追寻真相，挖掘散落在世界各地的影音文档，抢救性采访海内外事件亲历者及后人，揭开尘封的历史，只为告诉世界和平的价值。现在，创作团队又整理出版了这本可视化文创图书，我感动于团队的努力付出并为与她们共事而骄傲。

上海广播电视台出品纪录片《亚太战争审判》不是偶然，这依托于上海作为国际大都市的学术优势、传媒优势和国际交流优势。

20年前，我作为一名记者，曾经就南京大屠杀问题采访当时刚从日本回国的程兆奇先生，现在他的一个重要身份是上海交通大学东京审判研究中心主任，他和他所负责的研究机构给我们的纪录片创作提供了坚实的学术支撑。东京审判研究中心是全球首家专门从事东京审判研究、文献整理和编译的学术研究机构，上海广播电视台联合该中心在长达5年多的合作里，先后推出了三季共八集纪录片《东京审判》和八集纪录片《亚太战争审判》。这一系列纪录片的主创是上海广播电视台的外语纪录片团队，这支队伍长期承担国家重大外宣任务，擅长以国际视角和语态向世界讲述真实的中国。他们创制的多部纪录片在海外主流电视媒体播出，赢得同行尊重和不俗的收视成绩，并且问鼎一系列重要国际奖项。

事实上，从上海广播电视台1986年开创国内英语节目先河算起，上海电视人在国际传播方面的探索已经有35年历史。时至今日，随着世界新格局的形成，中国在国际舞台上扮演的角色发生了历史性变化，这给我们的国际传播工作带来新的机遇和更高的要求。

纪录片《亚太战争审判》在这方面做了积极的探索。首先，配合外交战略，传播中国价值理念。该片坚持马克思主义唯物史观，彰显中国以史为鉴，建设持久和平、普遍安全的世界秩序的坚强决心；其次，坚持关照现实和展望未来。全片着力表达了这样的观点：正视历史不是因为仇恨或意图清算，而是为了呼吁和平，避免重蹈覆辙，让全人类更好地面向未来；最后，服务于构建人类命运共同体的倡议。《亚太战争审判》超越了一个国家和一个民族相对狭隘的立场，将中国电视媒体人对真相的追问置于追求世界和平的宏大格局中，引起国际社会的情感共鸣，从不同国家的历史记忆里强化人类普遍共识。

作为一名电视工作者，我深知制作这样题材重大、主题恢宏的大型系列纪录片绝非易事。摄制组跨越了4大洲13个国家和地区进行实地拍摄和采访，行程近9万公里，在29所世界级档案馆里挖掘了大量珍贵历史影音资料，其中大部分都是首次和世人见面。我认为，这支年轻的80后外语纪录片制作团队既是进行了一次影像作品的摄制，也是完成了一次学术研究。

感谢中宣部国际传播局、中宣部对外新闻局、上海市委宣传部、上海市委外宣办、上海交通大学东京审判研究中心、各大驻沪领事馆以及媒体同行的大力支持。在传统媒体面临变革、寻求突破的今天，上海广播电视台始终把媒体的社会责任放在首位。我们会一如既往、坚韧不拔地为真相奔走、为时代作传、为历史证言、为中国发声，无愧于我们这一代媒体人的使命担当。

2021 年 5 月 25 日

# 目　录

# 第一章
# 正义之路

## ○ 档案馆里的"共同记忆"

向隆万（东京审判中国检察官向哲濬之子）：

> 2006年，我就是第一次在这里（美国国会图书馆）看到了东京审判的庭审记录。

美国国会图书馆、英国战争博物馆、澳大利亚战争纪念馆、俄罗斯国家档案馆……无论在西方还是东方的世界顶级档案馆里，都不约而同地保存着对70多年前一段共同历史记忆的记录，通过声音、文档、视频等多种方式记录第二次世界大战太平洋战场的残酷。在浩瀚的资料中，我们还找到了战后各同盟国艰难取证、审判战犯的过程。

今天我们回看这段历史，是对在战争中死去的人们的纪念，更是防止历史重演的警示。这是人类对于战争的一场集体反思。

## ○ 亚太战争审判

1945年8月15日，日本国民第一次听到了来自天皇的声音，正式宣布日本无条件投降。东京湾的密苏里号军舰上闪烁着标语："停火、停火，战争已经结束。"

9月2日上午9时许，在停泊于东京湾的美国战列舰密苏里号上举行了隆重的受降仪式，同盟国和日本政府的代表们分别在受降书上签字,标志着第二次世界大战的结束。

第二次世界大战后期,同盟国开始考虑如何处理对德、日战争犯罪审判的问题。经历国家间种种讨论与协商,最终决定在纽伦堡和东京分别设立国际军事法庭对两国领导人进行审判。1946年5月,第二次世界大战同盟国在日本东京设立远东国际军事法庭,对日本28名A级(甲级)战犯进行审判,该法庭由中国、苏联、美国、英国、法国、荷兰、加拿大、澳大利亚、新西兰、印度、菲律宾11个国家代表组成。这场持续两年半的审判被称为东京审判,也被称为A级审判,它拉开了二战后对日本战犯审判的序幕。

东京审判庭审现场(美国国家档案馆提供)

顾若鹏(剑桥大学亚洲与中东研究学院教授):

A级审判主要审理反和平罪,针对那些发起战争的领导人,这些领导人虽然没有上战场打仗,但需承担挑起战争的责任。

短视频1：

什么是A级（甲级）审判？

与这场举世闻名的世纪审判差不多同时期，除加拿大、新西兰和印度以外的8个同盟国在亚洲太平洋地区相继成立50多个BC级（乙丙级）战争犯罪法庭。与东京法庭审理A级战犯不同，BC级审判的战犯则是违反普通战争罪与反人类罪的日本军官和普通士兵。BC级审判和东京审判一起完整地构成同盟国在远东地区的战犯审判图景，史称亚太战争审判。

桑德拉·威尔森（澳大利亚默多克大学历史学院院长）：

在BC级审判中，同盟国调查员更关注虐待本国战俘案件，多数是关于俘虏被宪兵施虐的案子，有大量关于剥夺俘虏食物和药品的指控，强迫生病战俘劳动等。各国自己的审判中有很多是这方面的指控，这些指控不是东京审判的诉因，却成为同盟国BC级审判的诉因。

同盟国在战后进行的BC级审判，具备充分的法律依据。

顾若鹏（剑桥大学亚洲与中东研究学院教授）：

早在20世纪初《海牙公约》规定战中合理行为，规定战争中军人应该如何对待平民等问题。1920年后期《日内瓦公约》明确指出如何处置战争俘虏问题。每个国家对日战争审判的法律依据都略有不同，BC级审判会根据各国不同的情况，将国内法与国际法相结合。

这张由上海交通大学东京审判研究中心绘制的各国审判日本战犯一览表，清晰地展示了同盟国在亚太地区设立的审判法庭所在地。

# 各国审判日本战犯一览表

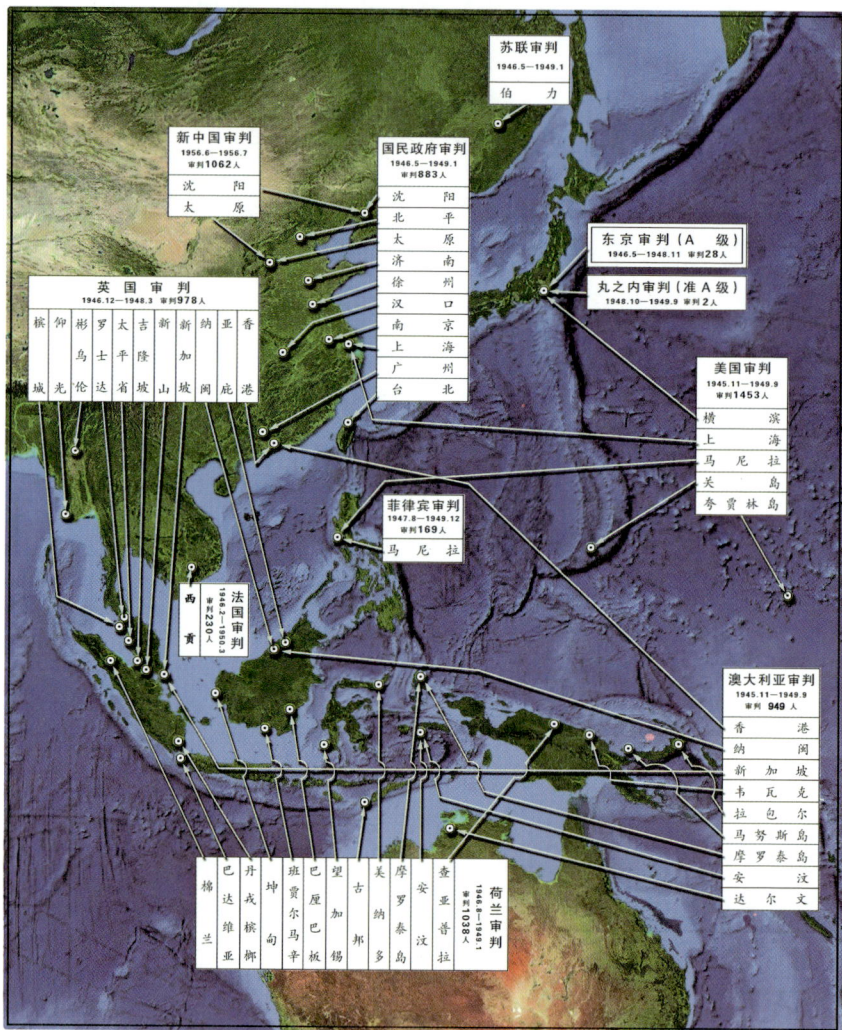

各国审判日本战犯一览表（上海交通大学东京审判研究中心　赵玉蕙绘制）

中国、苏联、美国、英国、菲律宾、法国、澳大利亚、荷兰等8个国家共组织了50多场战后审判。由于战争犯罪在各个地区发生的情况和性质纷繁复杂,因此各国的BC级审判特点和侧重点也不尽相同。

程兆奇(上海交通大学东京审判研究中心主任):

> 中国的案子主要针对平民。西方主要国家的审判,美国、法国,包括荷兰、澳大利亚,他们主要是军人、俘虏受到虐待,这是一个很大的不同。但是英国在新加坡的审判例外,除了本国军队以外,相当多审判的案子是针对当地华人平民的。

为了揭开那段鲜为人知的历史,摄制组踏上了探寻证据和正义的旅途。通过档案馆内的珍贵影像资料和事件当事人的口述实录,我们重新认识了70年前那段不该被遗忘的历史。

**短视频2:**
**什么是BC级(乙丙级)审判?**

## ○ 澳大利亚战争纪念馆——聚焦澳大利亚审判

坐落在堪培拉的澳大利亚战争纪念馆已有近80年的历史,它是为人们了解战争的残酷、缅怀澳大利亚在战争中阵亡的将士而建。在纪念馆外的草坪上,卧着一座大理石纪念碑,向人们讲述着二战中澳大利亚战俘最惨痛的经历——日军强迫位于马来亚(今马来西亚)山打根集中营的盟军战俘进行"死亡行军"。肃穆的纪念馆里专门有一个小房间,纪念在这段行军中死去的近两千名澳军战俘。澳大利亚人约翰·布莱斯威特,他的父亲迪克·布莱斯威特是山打根死亡行军的6名幸存者之一。在这个充满回忆的房间一角,陈列着几件

山打根集中营相关物品（摄制组拍摄于澳大利亚堪培拉）

与山打根集中营有关的物品，都出自约翰父亲之手。

约翰·布莱斯威特（澳大利亚国立大学特聘教授）：

这里是一些战俘营战俘的遗物，我父亲做了很多东西，他为死去的战友做墓碑，因为他擅长雕刻。这是一个喝茶的杯子。这是我父亲画的战俘营地图，是为了战后的战罪调查而画的。比如哪里是英国战俘住的地方，他们都死了；哪里是澳大利亚战俘的住所；哪里是日本士兵住的地方。

山打根死亡行军是二战时日军对盟军战俘犯下的最严重的暴行之一。1941年12月，日本在太平洋战争爆发之后，迅速占领马来亚和新加坡等西方国家的东南亚殖民地。一万多名澳大利亚军人刚刚从欧洲和北非的对德战场回到亚洲，准备和日军作战的他们，未发几枪就沦为了阶下囚。

罗伯特·克里伯（澳大利亚国立大学亚洲历史学教授）：

他们迅速被击败，很多人在战争初期就沦为战俘。他们觉得很屈辱，他们本来是准备回家和日本人作战的，但是没有成功。

新加坡沦陷后，日军将一部分澳大利亚和英国战俘转移到婆罗洲，也就是今天的世界第三大岛加里曼丹岛。山打根位于该岛的最东部，日军在这里设立战俘营，强迫战俘们建设军用机场。战俘们的劳动条件极为恶劣，并且经常遭受日军的威逼和殴打。1945年初，日军大尉星岛进预感到盟军即将登陆，下令将约两千名俘虏强行转移到山打根以西260公里的拉瑙。

桑德拉·威尔森（澳大利亚默多克大学历史学院院长）：

> 他们在北婆罗洲非常艰苦的条件下，在两个地点间非常艰难地行军。在开始行军之前，有些人就已经生病了，所以他们面临的困难更大，地形险恶，天气恶劣，缺少食物和药品。对于他们的身体条件来说，行军的速度太快了，倒在路边的人被杀死。

总共三次行军后，除了中途逃脱的6名澳大利亚士兵，余下的两千多名英澳盟军战俘都死于疾病、饥饿或是日军的射杀。

约翰·布莱斯威特（澳大利亚国立大学特聘教授）：

> 我父亲逃走的时候，当地人勇敢地救助了他。他们在丛林中找到了他，把他藏在村子里，给他食物。

短视频3：
山打根死亡行军

山打根死亡行军给死者和家人留下无限伤痛，即使是活下来的幸运儿，身心也留下了难以愈合的伤口。6名幸存者之一的兰斯·博克斯汉姆在1961年吞枪自尽。为了给自己和战友家人心理疗伤，迪克·布莱斯威特在回到祖国之后，给数百位殉难战友的家庭写信，这些信件至今仍保存在澳大利亚战争纪念馆和英国战争博物馆里。

约翰·布莱斯威特（澳大利亚国立大学特聘教授）：

我父亲以为这会是一个疗伤的过程，但最后这一切对他来说是极大的痛苦，他觉得太难了。

从二战结束后的1945年11月开始，澳大利亚在达尔文、巴布亚新几内亚的拉包尔、新加坡等地相继设立法庭，开始对日本战犯的审判。在这些审判中，超过八成的罪名是日军对战俘的虐待和屠杀，其中的代表性事件正是山打根死亡行军。相关的审判从1946年1月开始，在巴布亚新几内亚的纳闽进行。被告之中有山打根集中营的负责人，以残忍冷血著称的大尉星岛进。

澳大利亚军事法庭的检察官安瑟尔·墨菲特把这场审判的细节都写入了日记："今天我第一次见到了星岛。他一直在微笑，冷酷残忍地笑着。这是一场非常紧张和困难的审判，持续了好多天。星岛就像一头被逼入绝境的老虎一样，抵抗着。"

最终，毫无悔意的星岛进和其他7名集中营看守被判处绞刑。北婆罗洲最高指挥官、第三十七军司令官马场正郎中将也被认定要为这桩惨案负责，并被处以极刑。

星岛进和其他日军（摄制组拍摄于澳大利亚）

乔治娜·菲兹派屈克(澳大利亚历史学家):

战俘营守卫是奉命实施折磨、殴打行军的人,所以他们付出了代价,因为他们是第一责任人。马场正郎是婆罗洲的最高指挥官,所以他要对他部队的所作所为负责,这是指挥官责任。

卡尔·詹姆斯(澳大利亚战争纪念馆历史学家):

澳大利亚深度参与了太平洋战争,这场战争触及了澳大利亚海域和领土。澳大利亚军人和护士都被日军折磨,大约两万两千名澳大利亚军人沦为战俘,死去三分之一。所以澳大利亚人非常希望击败日本人,结束战争。并且还要伸张正义,弄清这一切为什么发生。为什么会发生山打根死亡行军这样的惨剧?这也是澳大利亚政府积极参与战争罪行审判的部分原因。

在澳大利亚审判的各个法庭上,受害者的国籍十分广泛,除欧美籍被害人,还包括许多亚洲人。在总共300桩日军暴行事件中,有128件与中国人、印度尼西亚人、印度人以及其他南太平洋岛民相关。从另一个角度表明,同盟国对施加在亚洲人身上的暴行给予了相当多的关注。

短视频4:
澳大利亚审判

## ○ 俄罗斯联邦国家档案馆——聚焦苏联审判

位于莫斯科的俄罗斯联邦国家档案馆存放着1949年伯力审判的

庭审录音资料，在长达22小时的录音中记录了当事者们的声音。"将糜烂性毒气投入人体进行实验，在人的手、足、脸上喷洒糜烂性毒气，然后将他们关进拘留室观察。"这些日本战犯承认二战期间使用活人作为实验对象研制细菌武器的事实。

维克多·贝尔亚科夫（俄罗斯联邦国家档案馆研究人员）：

就伯力审判本身，我们很遗憾在俄罗斯没有太多的资料，不过我们有一些独家的文件和照片。很多年以来没人知道这些资料在哪里，最近才知道这些资料在苏联总检察院档案资料馆里保存着。

在中国黑龙江省哈尔滨市郊外20公里处的平房区，现如今仍然留存着731部队的罪证。这里曾是日本军国主义在本国以外领土从事生物战、细菌战和人体实验相关研究的秘密军事基地。战争结束时，日军为了隐瞒731部队的存在，将这里爆破，只留下一堵厚厚的墙体，因为无法炸毁而矗立在当地。

日军731部队在中国从事生物细菌研究的秘密军事基地（摄制组摄于中国黑龙江省）

根纳季·康斯坦丁诺夫（俄罗斯历史学家）：

在离哈尔滨不远的平房区，日本人杀了大概 3 000 人，包括中国的民兵，他们被日本人带去做俘虏。日本人也抓过俄罗斯人，还有手无寸铁的无辜农民，而且还有很多女人。

清水英男是当年 731 部队少年班的成员。1945 年 4 月，他同其余 33 人被送到了哈尔滨。在到达哈尔滨之前，清水并不知道自己要做什么。

清水英男（日本 731 部队少年班成员）：

虽然我们想，这难道不是在进行细菌战吗？但是我们一直被教育：如果我们做了错事，就会被惩罚；如果不去打别人，就会被别人打。没有人告知我们，事实上我们在进行细菌战这件事。

早在 1932 年 8 月，在刚刚被晋升为军医将领的石井四郎的牵头下，日本陆军军医学校内成立了防疫研究室。这是 731 部队的前身，后来成为战时日本统管的包括 731 部队在内的遍布整个东亚地区的细菌及生化部队的司令部，同时也是与日本各大学医学部之间联络协调的中枢机构，这其中更不乏从东京大学、京都大学来的医学人员主导人体实验。

近藤昭二，曾是日本 NHK 电视台的记者，是第一个在日本拍摄有关 731 部队内容的人。在过去将近 30 年中，他都在搜集有关 731 部队以及伯力审判的资料。

近藤昭二（日本细菌战研究专家）：

最初的大规模作战计划，是在浙江省的衢州、宁波附近，这是在 1940 年做的。那些带细菌的跳蚤通过飞机进行运输，在衢州、宁波的上空投放，感染细菌的人就会死亡。第二年，是在湖南省的常德。

1949年12月25日至30日，也就是二战结束后第四年，苏联在远东城市哈巴罗夫斯克（伯力）设立军事法庭，针对日军"准备和使用细菌武器"的战争罪行，对包括最后一任关东军司令山田乙三等人在内的12名日本战犯进行了审判。但是，首犯石井四郎逃脱了伯力审判以及东京审判。

伯力审判首次揭示日军侵华期间在中国东北进行活体实验、实施细菌战争等严重罪行，同时开启战后首次对日细菌战的审判。

金·塞吉（俄罗斯科学学院研究员）：

> 应该说，这次审判至今还是有意义的。首先，苏联在哈巴罗夫斯克（伯力）展现了自己的审判能力和正义；其次，当时美国不想设立法庭来审判细菌战，这也是对美国的有力回应。所以，苏联是想向世界展示伸张正义的形象。

伯力审判让世界了解到，那场旷日持久的战争不仅与政府、军人、炮火有关，也牵涉到本该救死扶伤的医生。苏联自1947年至1950年间废除了死刑，所以所有被告均被判时长不等的劳动改造。

短视频5：
伯力审判

## ○ 英国战争博物馆——聚焦英国审判

伦敦中心区的泰晤士河东岸坐落着英国战争博物馆，距今已有

100多年的历史。在这座档案馆里,保存着浩如烟海的珍贵影音和文档资料,其中包括二战后英国对日战犯审判的部分庭审画面。自1946年1月开始,英国分别在新加坡、马来半岛、北婆罗洲、缅甸、中国香港等地设立对日战犯军事法庭,总体而言,新加坡法庭审理的案件最多。

英国审判庭审场景(英国战争博物馆提供)

　　新加坡亚历山大医院距今已有80多年历史,它的前身是1938年成立的大不列颠军事医院,在当时是远东地区首屈一指的英军陆战医院,现代化程度位列亚太地区之首,在第二次世界大战期间,拯救了无数伤员的生命。医院在建立之初就考虑到可能会到来的战争,在设计医院时保留了地下手术室。如今,亚历山大医院仍完好地保留着战时的医疗设备。

　　陈鼎祥(亚历山大医院媒体公关):

　　　　这里是亚历山大医院中现存的四个通道中的一个。我们走进去可以看到很多战时的建筑,它们都得到了保留。这个是1938年建立的,可在地下室进行急诊手术的手术室。

亚历山大医院地下手术室通道（摄制组摄于新加坡）

刚刚工作一年多的新加坡人陈鼎祥，对二战历史非常感兴趣。除了接待医院的媒体事务、处理内部邮件，他还有一项重要的业余功课，他想撰写一本书，记录亚历山大医院80多年的历史。

陈鼎祥（亚历山大医院媒体公关）：

当我收集了一些档案和资料后，我发现其他很多资料已经找不到了。这引起了我的兴趣，我想知道更多，我想知道这个地方都发生了什么，想知道这里的战时历史。

1942年2月，日军从北面入侵新加坡，让当时在南部部署重兵的英国军队措手不及，小部分抵抗力量退守到亚历山大医院。日军全然不顾国际公约冲进医院，对正在医院进行治疗的医生和病人展开屠杀，大约有250名医患死于日军的屠刀。

战后的东京审判对这段暴行进行起诉和宣判。东京审判的判决书中这样形容亚历山大医院的屠杀："在手术室中，一个士兵正上了哥罗芳麻药在施行手术,日军进去把病人、外科医生和麻醉师都用刺刀刺了一通。"

陈鼎祥(亚历山大医院媒体公关):

> 我有幸和沃勒一家通了话,沃勒中尉2010年去世了,他的儿子为我们提供了很多他父亲当年的故事。

陈鼎祥提到的英国中尉理查德·沃勒,曾是亚历山大医院的病人,也是日军屠杀的幸存者。战后,他为新加坡审判提供的口供书中,提到了日军闯入医院后,他曾经被带到修女的房间中等待处置并最后死里逃生的经历。今天,在亚历山大医院后院的草坪,就是沃勒中尉提到的当年修女房间的所在。

短视频6:
亚历山大医院大屠杀

英国对日战犯审判的最大特征在于十分注重日军对本地居民的犯罪。如果算上本地籍战俘和平民,大约有三分之二的案件受害者都是亚洲人,尤其是华人。1941年12月8日,珍珠港事件爆发后,日本入侵马来亚(今马来西亚)。此后,日军在马来亚村庄大肆屠杀华人,对象常常是整个村中的男女老幼,几乎是无差别屠杀。

高岛伸欣(琉球大学名誉教授):

> 马来群岛的话,当时军方的命令是,只要看到一个,就杀掉一个,根本不需要审讯,这是军队的正式命令,这些资料也还留着。

马来西亚哥打丁宜是扎勒哈·苏蒙的出生地,84岁的扎勒哈父母都是当地华侨，还有5个兄弟姐妹。在她6岁的时候，经历了一辈子都不会忘记的惨剧。

阿比达·阿瑞芬（马来半岛肃清屠杀幸存者扎勒哈·苏蒙的孙女）：

就我所知，1942年2月的时候，我奶奶只有6岁。那天早晨一切很平静，她们在屋子外面开心地玩耍，就像平常一样。突然，一支日军部队来了，把所有的华人都带走了，其中包括我的曾祖父母，他们被带到了一家橡胶厂，就在那里被残酷地砍了头。

当时，扎勒哈的5个兄弟姐妹，最小的才1岁，最大的也不过16岁。日军进行屠杀时，住在隔壁的邻居将她和5个兄弟姐妹带走，才让他们幸免于难。此后，年幼的扎勒哈一直在马来家庭中长大。1942年起，在马来半岛，像扎勒哈父母这样被残酷屠杀的无辜华人高达71 000人。

由于日军在新加坡等东南亚地区的屠杀工作隐秘，至今对于屠杀的人数众说纷纭。而英国审判的精确统计数字也还没在学者中达成一致，粗略估计受审判的战犯总人数在900左右，其中200多人被判死刑。

苏珊娜·林顿（中国政法大学国际法学院教授）：

英国审判让我印象最深刻的一点就是死刑的比例是最高的。此外，就法庭程序来看，英国同样做出了重要的调整，英国拥有非常严格的司法体系，包括审判注重证据和细节等。战后审判中英国简化了程序，使得审判更为高效。

短视频7：
马来半岛肃清屠杀

## ○ 美国国家档案馆——聚焦美国审判

与英国审判关注日军对本地居民犯罪形成鲜明对比的是，美军法庭对虐俘问题高度重视。在所有审理的案件中，针对俘虏犯罪的案件比例高于80%，主要有虐待、虐死、杀害美军俘虏以及遗弃、亵渎乃至食用俘虏尸体的行为。

美国国家档案馆成立于1934年，是保管美国联邦政府档案文件的机构，里面保存着美国外交及军事档案。在这里，还珍藏着二战后美国审判的庭审实况影像资料。

画面中的审判被告是被称为"马来之虎"的日军司令官山下奉文，这场美国陆军在马尼拉进行的审判是亚洲最早的对日战犯公开审判。1944年9月，山下调任菲律宾第十四方面军司令官，一个月后到马尼拉就职。

郑寅达（中国世界现代史研究会副会长）：

山下奉文去守菲律宾，他调集所有能够调集的力量，在拼命地坚守反扑。美军是麦克阿瑟指挥这场战役。从美方的角度讲，打菲律宾打得蛮吃力。

山下奉文在菲律宾马尼拉军事法庭接受审判（美国国家档案馆提供）

巴拉望岛位于菲律宾西部,在山下奉文抵达菲律宾后的两个月,他所在的部队与美军在这里进行了激烈的交战。1944年12月,驻扎在这里的日军将约150名美军战俘赶入岛上的防空洞,并向内放火焚烧。今天在这个洞穴里依旧可以看到当年火烧的痕迹。

里卡多·何塞(菲律宾大学历史系教授):

> 他们是手无寸铁的美军俘虏。他们被赶入防空洞,身上被泼汽油并且点火焚烧。

在这场日军火烧美军俘虏的惨案中,只有几个俘虏侥幸生还,他们在当地游击队的帮助下隐藏起来直至美军登陆,并向美军讲述日军的暴行。

1945年10月,日本投降后不久,美国设立在马尼拉的法庭对山下奉文进行公开审判,这是人类史上首次关于指挥官责任的判决。美国法庭认为指挥官应为其下属违反战时国际法的行为承担个人刑事责任。最终,山下奉文因其战时率部对菲律宾、新加坡平民和俘虏实施的暴行被判绞刑。

日军焚烧美军战俘遗留残骸(摄制组摄于菲律宾巴拉望岛)

二战后,美国的对日战犯审判法庭分别设在马尼拉、横滨、上海、关岛、夸贾林岛等5处,前三处为陆军审判,后两处为海军审判。审判被告共计1 453人,判处1 229人有罪,判死刑并执行的有136人。

短视频8:
美国审判

## 中国第二历史档案馆——聚焦中国审判

与美国审判相似的是,中国审判被告中高级将官数量也非常大,甚至所占比例为同盟国中最高。首都高等法院审理凶案,旁听证发出4 000多张,还是不够分配。

中国是日本侵略战争中受害时间最长、受害范围最广的国家,因此从中国调查日本战罪和收集证据的工作从战时的1942年就已开始,中国国民政府设置收集日本战争犯罪情报的相关机构,这项工作一直延续到1945年8月日本无条件投降之后。

由于中国战时近半国土沦为战场,战时在沦陷区难以展开罪证搜集工作,只能在大后方进行战争损失、伤亡统计等工作。战争结束后,中国政府在调查取证日本战罪时,遇到了重重困难。

刘统(上海交通大学人文学院历史系教授):

首先,人名、官衔、部队这些基本要素,老百姓就不可能掌握。上海当时调查时有5万多起群众的举报,但是真正能用的只有400多起,而且这400多起里面有很多只有姓没有名,比如松井就是一大堆,他叫什么呢?他是哪个部队的呢?在罪行调查的过程中,每个地区都有成千上万这种登记表,但是为什么最后起诉到法庭上的只有几百,甚至只有几十,就是这个问题。

中国审判南京法庭（摄制组摄于侵华日军南京大屠杀遇难同胞纪念馆）

位于南京市中山东路的中国第二历史档案馆里，保存着国民政府行政院战争罪犯处理委员会档案。其中有一批日军中下级军官战俘的战争暴行供述档案，每篇都有供述者签名。战后，国民政府相继在南京、广州、汉口、北京等地设立10个法庭开始对日战犯审判。

严海建（南京师范大学历史系副教授）：

国民政府进行的大部分审判实际上都是公开的审判，公开审判的听众，既有中国的政府官员、民众以及受害者家属等，同样也有外国的媒体记者以及外国的外交人员、驻华的领事人员。

中国审判中，最臭名昭著的B级（乙级）战犯要数日本陆军中将谷寿夫，他是对南京大屠杀最直接负责的师团长。1947年2月6日，南京军事法庭公审。同年3月10日，法庭判处谷寿夫死刑，他本人不服并上诉。4月25日，蒋介石批示维持原判，4月26日，谷寿夫被枪毙于南京雨花台。

程兆奇（上海交通大学东京审判研究中心主任）：

不论是11个国家的东京审判，还是7个国家分别在亚洲地区进行的审判，那些国家基本上都是老牌的殖民地宗主国，还有一个在审判开始阶段还没有独立的殖民地，只有中国是完全意义上的受害国。

短视频9：
中国审判

1949年1月底，随着上海审判的结束，国民政府对所有战犯的审判结束，被告总计871人，其中近六成被判有罪，近三成被判死刑。同年10月中华人民共和国成立，7年后又展开新中国独立的对日战犯审判。

与其他国家对待战犯政策不同的是，新中国政府对在押战犯给予人道待遇的同时，采取思想教育和改造方针，促使战犯自我反省，自承罪状。

贾斯丁·雅各布（美利坚大学历史系教授）：

新中国审判的判决结果是非常宽大的，你只要将它与美国、苏联、法国、英国等其他欧洲国家对日BC级审判作比较的话，你就会了解它判决的宽大程度。

内海爱子（日本大阪经济法科学院教授）：

如何让那些若无其事犯下罪恶的战犯回归人性，新中国审判在这方面做得非常了不起。

1956年4月，中华人民共和国全国人民代表大会常委会做出对日本战犯宽大处理的决定。1956年6月至7月间，沈阳和太原两处法庭对45名被告进行审判，所有被告都被判有罪，但无一死刑，其余1 017人免于起诉。直至1964年4月，全部战犯回国。

## ○ 回望历史——让过去告诉未来

从极北的苦寒之地到溽热的赤道雨林，从远东太平洋中的孤岛到欧陆世界的尽头，第二次世界大战的战火燃遍了北美以外的几乎整个文明世界，使人类文明无论在广度上还是在深度上都面临毁灭性的威胁。

战后进行的针对A级战犯的东京审判以及BC级审判，作为人类历史上规模最大的审判，完成对亚太战场日军战罪的清算。

程兆奇（上海交通大学东京审判研究中心主任）：

> 审判的目的是什么？通过这个审判来警示后人，以后你如果要发动战争，那你就一定会受到审判。

顾若鹏（剑桥大学亚洲与中东研究学院教授）：

> 这些审判让我们直观地了解到底发生了什么，大量关于战争罪行的文件、证言、证据得以保存并传承下去。

朗·肖利（耶路撒冷希伯来大学研究专员）：

> 我认为任何审判的作用都不是简单的报复，而是一种教育，是一种对过去的缅怀。正义得以伸张是十分重要的，为了教育大众，更为了人类的集体记忆。

1951年，代表们来到旧金山战争纪念歌剧院，参加日本和平会议的最后一次会议。9月，日本与二战的48个战胜国签订《旧金山对日和平条约》，其中第11条明确指出，日本接受东京审判以及同盟国BC级审判的判决。然而，中国没有参加旧金山会议，给旧金山会议留下了遗憾。

　　鸠山由纪夫（日本前首相）：

　　　　日本签了《旧金山对日和平条约》，在国际上也终于作为一个热爱和平的国家受到承认，所以如果从根本上否定了东京审判等一系列审判，那《旧金山对日和平条约》也同样遭受到了否定。这件事是绝对不对的。

　　系列纪录片《亚太战争审判》挖掘在世界各国档案馆里的珍贵资料，实地采访二战的亲历者，其中大部分事件在此之前都不为世人所知，比如"地狱航船"、活体解剖战俘事件、巴丹死亡行军、泰缅死亡铁路、化学武器使用等。

　　英国前首相温斯顿·丘吉尔曾经说过："你回首看得越远，你向前也会看得越远。"回望历史不是为了清算，而是让过去告诉未来。

# 发现每一片落叶的价值

陈亦楠

《正义之路》作为八集大型系列纪录片《亚太战争审判》的开篇之作，一方面解释亚太战争审判和东京审判的关系，另一方面概览性地介绍二战后各同盟国如何对日本BC级战犯开展审判的情况。有趣的是，这集原本并不存在于我们最初的规划之中，是在后续七集基本完成后才决定要做的。本集所有的故事，是由被各位分集导演忍痛舍弃的故事组成。一开始，这些故事在后续的分集里或因篇幅、或因主题等种种缘由，不得不被移出。**但是，看似微不足道的每一片历史落叶都有其不可估量的价值和意义**，更何况每一个故事的拍摄背后都汇聚着各团队的巨大心血。于是，我们的第一集应运而生。

《亚太战争审判》的调研和拍摄几乎是和学术研究同步进行的，这对导演团队提出了更高更难的要求。好在有之前摄制《东京审判》累积的经验，我们掌握了一套行之有效的研究方法。最初，各分集想

《亚太战争审判》导演组

摄制组探访29所世界级档案馆,图为澳大利亚战争纪念馆

以国别的审判进行划分。但随着调研的深入,我们发现与相对广为人知的东京审判相比,二战后对日BC级战犯审判的庭审影像资料少得可怜。于是导演们不得不调整拍摄思路,最终决定每集聚焦不同的主题,从70多年前经历事件的当事人或后辈的故事和回忆入手,开展大量海外实地拍摄。导演团队一边做学术调研,理顺每个国家审判的基本脉络和着重点,查找散落在世界各大档案馆的影音文档资料;一边跃入茫茫无边的寻人大海中,**同时还面临着涉及英语、法语、俄语、荷兰语、日语、马来语等多国语种的困难。**

经历千辛万苦,摄制组跨越4大洲13个国家和地区,行程将近89 000公里,远赴29所世界级档案馆进行资料采集,挖掘和拍摄了许多不为人知的故事。有时,导演组在海外采访中会意外发现之前并未调研的故事,即使用不进自己的片子,也会出于保存价值的考虑,在有限的时间里跟踪拍摄记录下来。所有的拍摄结束后,我们回来一起整理故事,重新梳理、打磨文稿。几乎每集导演都发现,总有那么一个故事,单看起来非常出彩,但放进分集片中反而会因为头绪较多而冲淡了主题。

比如,在菲律宾拍摄美国审判时,导演在巴拉望岛记录了日军火烧美军防空洞的历史，当时里面约有150名美军战俘。如今的巴拉望岛已经成为美丽的度假胜地，但那个被火焰熏黑的山洞依然留在那里，诉说着当年战争的残酷。最终在写稿时，我们发现关于美国审判的分集若能聚焦虐杀杜立特飞行员、父岛吃人事件、活体解剖美国飞行员这三个事件，则能集中讲述美国飞行员的遭遇，于是"火烧巴拉望防空洞"只能被舍弃。

摄制组在菲律宾巴拉望岛拍摄日军火烧美军的防空洞

又比如，拍摄澳洲审判的导演在澳大利亚战争纪念馆记录了山打根死亡行军事件，6名幸存者之一的后人回忆了那段骇人听闻的历史。但随着调研的深入，我们惊奇地发现几位"八百壮士"居然出现在澳洲审判的证人席上。原来当年他们被俘后，由"地狱航船"运往巴布亚新几内亚做劳工，而这一生动的中

摄制组在澳大利亚战争纪念馆拍摄

国故事国内外观众之前并不知道。为了让这个事件更加饱满和完整地呈现在观众面前，我们只好在澳洲审判的单集中舍弃了山打根死亡行军事件。

约翰·布莱斯威特向摄制组介绍战俘营中的物品

　　再比如，摄制组拍摄到了马来西亚华侨的后裔阿比达，她讲述了奶奶在6岁时，家人因为华裔的身份，惨遭日军屠杀的悲惨经历；摄制组在新加坡拍摄到了亚历山大医院医护人员和伤病员被日军屠杀的事件和遗址。这些事件因为篇幅所限，在英国审判分集中不得不被放弃。

摄制组在新加坡亚历山大医院拍摄

马来西亚华侨扎勒哈的孙女向摄制组讲述家族的悲惨经历

　　以上这一片片本无关联的历史落叶就这样串联起了第一集，而这并不是简单的拼凑。当我把这些散落的事件结合学术研究呈现在片中，一张更为完整的各国BC级审判版图逐渐清晰起来。通过不经意间的比对，一个结论慢慢浮出水面：二战后各同盟国自己对日本战犯的审判，其实有着不同的侧重点。美国审判的特点是高度重视虐待美军俘虏问题；英国审判十分注重日军对本地居民的犯罪；澳大利亚审判针对虐俘的罪行展开审理，受害者的国籍不仅有欧美籍，还包括许多亚洲人；中国审判被告中高级将官所占比例为各国最高……这些特点的形成背后，似乎又可以开启关于当时国际局势、历史背景、国家政策的一系列研究。

　　无论是千里之外的档案馆、无人问津的战争遗迹，还是地势险恶的深山丛林，都留下了我们摄制团队的足迹。作为纪录片人，我们用脚踏实地的考证来呈现对过去的思考。在历史的洪流中，一切过往都已成为尘埃。但这一片片微不足道的落叶，排列在一起，似乎在告诉我们，二战的硝烟虽然已经过去70多年，但真相不应该随着时间的流逝而日渐模糊，每个在这个世界上存在过的生命不该卑微地逝去。它们也在时刻警示着世人，珍视和平，不要重蹈历史覆辙。

# 第二章
# 活着回家

英国伦敦中心区的泰晤士河东岸坐落着英国战争博物馆，距今已有100多年历史。它成立于第一次世界大战期间的1917年，记录20世纪英国在一战和二战期间参战的档案资料和贡献。这座大型国家级文字和视听记录档案馆里，保存着1.2亿英尺的电影胶片和超过6 500小时的录像带、600多万张照片，以及约32 000小时的历史录音带。

短视频1：
探访英国战争博物馆

## ○ "地狱航船"

在浩瀚如烟的资料里，有一段录于2005年的二战老兵口述回忆，讲述发生在千里之外的一段鲜为人知的太平洋战场历史。

东极岛位于中国浙江省东部沿海的舟山群岛，四周被东海包围。因为电影《后会无期》，很多人开始知道这个地方。79年前的一天，这里偶然迎来一群英国士兵，他们经历了什么？他们和舟山渔民有着怎样的生死奇缘？

第二次世界大战期间，在太平洋战场上，被日军俘虏的数十万盟军战俘遭受残暴奴役和非人虐待。为充分利用战俘的人力资源支撑侵略战争，日军抛出"以战养战"的战时策略。时任日本内阁首相兼陆军大臣的东条英机曾表示："在日本，我们对于战俘具有自己的观念，因此在待遇上自然也多少要与欧美有所不同；应充分利用战俘的劳动力和技术来增加日本的生产力，并应该努力使其有助于大东亚战争的实行，没有任何人力浪费。"

诸多虐俘事件中，巴丹死亡行军、泰缅死亡铁路、南京大屠杀被远东国际军事法庭判定为日军在亚洲犯下的三大暴行。对于幸存下来的盟军战俘而言，这些臭名昭著的暴行令他们多年后都不敢去面对，甚至难以向家人诉说，曾经痛苦的经历给他们造成的阴影更是需要用余生去慢慢弥合。

顾若鹏（剑桥大学亚洲与中东研究学院教授）：

> 其实，运送战俘的旅程对他们来说是更加残忍的。所以他们不仅仅在战俘营里遭到虐待，他们前往战俘营的过程也是痛苦的。他们中的许多人都不愿再提起这些经历，因为这些记忆实在是太痛苦了，他们称其为"地狱航船"。

1942年至1945年期间，大量的船只被用来将盟军战俘和平民送往日本本土以及各个占领区。由于日军并未按照要求在这些船上悬挂表明其战俘船身份的旗帜，因此，在一次次的航行中，不断发生惨剧。1942年7月1日，运送1 000多名澳大利亚战俘的蒙得维的亚号，在从巴布亚新几内亚的拉包尔驶往中国海南的途中被击沉，无人生还。1944年9月18日，"顺阳丸"在苏门答腊外海被英国潜艇贸易风号击沉，5 620人死亡。同年10月24日，从菲律宾马尼拉开往日本的"阿里山丸"遭到鱼雷攻击，船上近1 800名战俘，仅9人生还。

短视频2：
二战中的"地狱航船"

这是现在唯一能看到的一段关于"地狱航船"的影像资料。1944年9月，日本货轮"乐洋丸"将战俘从新加坡运往日本横滨。船上载有600多名英国战俘、700多名澳大利亚战俘和一些美国战俘。因为没有明确的国际标志，这艘船在途中被美国鱼雷击中。这些已经在日本战俘营中被折磨了两年半的战俘们，现在又为保全性命在大海上挣扎。

日本学者笹本妙子长期从事"地狱航船"的相关研究，她表示"地狱航船"的条件之艰苦令人发指。

笹本妙子（日本POW研究会事务会长）：

战俘几乎都在船底，所以没有通风设施，也没有窗户，没有厕所。食物和水也是一天只有两顿，而且量也很少，都是受到限制的。由于大家都挤在船底，所以如果有人得了传染病，很快就会蔓延。

英国退伍少校布莱恩·费恩祺曾于20世纪60年代服役于米德尔赛克斯兵团。二战中，有366名来自这个部队的英军战俘被送上"地狱航船""里斯本丸"，从香港运往日本横滨。

布莱恩的大半辈子都致力于研究"里斯本丸"的这段历史。2017年，他将香港"里斯本丸"协会出版的《"里斯本丸"事件实录》翻译成英文，并在英国出版。

拍摄当天，布莱恩带领摄制组去距离伦敦两小时车程的查尔福德，拜访当时英国最后一位在世的"里斯本丸"幸存者丹尼斯·莫利先生。（丹尼斯·莫利先生已于2021年1月3日去世）100岁的丹尼斯·莫利曾是皇家苏格兰兵团第二营的一位军乐手，当时22岁的他就被关在"里斯本丸"的二号舱下。当问及"里斯本丸"上的条件时，老先生只用了一个词来形容。

丹尼斯·莫利（"里斯本丸"幸存者）：

恶心。每个人都只有一个草垫子，大家都紧紧挨在一起，我

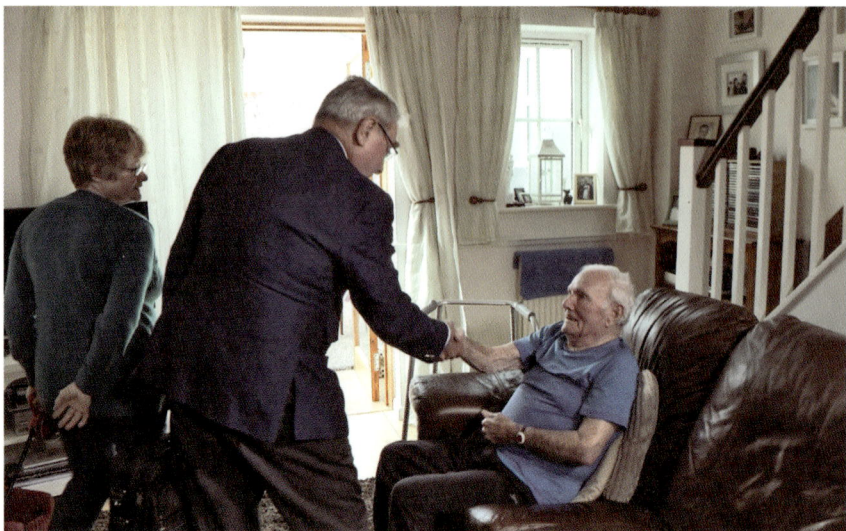

布莱恩拜访"里斯本丸"幸存者莫利先生（摄制组摄于英国查尔福德）

们就像沙丁鱼一样被挤在一起。

1942年9月27日，"里斯本丸"从香港出发，上面载有1 816名英军战俘以及800多名日本军人，目的地是日本。因船只身份不明，10月1日凌晨，当行驶到中国舟山群岛附近的东极岛海域，遭到美军潜艇的鱼雷攻击。日军在慌乱逃离之际，将"里斯本丸"上三个船舱的舱门紧紧钉死，切断了战俘们最后的逃生之路。

当回忆起这件发生在近80年前的惨剧时，丹尼斯老人显得异常平静，但他的记忆却清晰得仿佛是在昨天。

丹尼斯·莫利（"里斯本丸"幸存者）：

我们当时都在等着吃早饭，大家都听到了嗞嗞嗞的声音。然后，从后面传来了一声巨大的爆炸声。我们中有一个人是海军，他说那是鱼雷，我们被鱼雷击中了。

布莱恩·费恩祺（"里斯本丸"研究者，英国退伍少校）：

几乎同时，船突然往港口的方向倾斜。"里斯本丸"正在迅速下沉，这使我们更加绝望。

丹尼斯·莫利（"里斯本丸"幸存者）：

　　我们当时就在想要怎么逃出去。这个时候，船上的日本翻译新森源一郎就告诉船员们，让他们把舱门关上。他们用木条和帆布把舱门钉死，舱门就这样被卡死了，从里面根本打不开。

布莱恩·费恩祺（"里斯本丸"研究者，英国退伍少校）：

　　我在黑暗中摸索着爬到了梯子的顶端，用我随身携带的一把屠夫刀划开了舱门上覆盖的帆布。我用肩膀往上顶，边上两个人从背后推我。我最终把舱门打开了，大家可以勉强从那里挤出去。

丹尼斯·莫利（"里斯本丸"幸存者）：

　　我们就是这样出去的，但是一开始出去的人都被日军开枪打死了。

**短视频3：**
"里斯本丸"幸存者讲述九死一生的经历

　　打开舱门后，从二号舱逃出来的英军又陆续帮助一号舱和三号舱的伙伴们打开舱门。随着越来越多的人破门而出跳入海中，日军便在甲板上向海里射击。当时在附近的中国东极岛渔民听到巨大的响声后,纷纷划着小船赶过来。

丹尼斯·莫利("里斯本丸"幸存者):

中国渔民的出现改变了一切。当他们出现,日本人看到他们,就停止了射击,然后开始把我们救起来。

同样被救起的还有三号舱的查尔斯·佐敦。不同的是,他是被赶来的中国渔民救起的。现存于英国战争博物馆里的查尔斯口述,有如下描述。

查尔斯·佐敦(已故"里斯本丸"幸存者):

当时我已经在水里待了10到12个小时。每次我游到离海岸三四百码的地方,又很快被海浪冲回海中。正当筋疲力尽时,我感觉我和其他十几个人被拖上来放到渔船上。渔民们把我们带到岸边,他们对我们非常好,给了我们米饭和红薯。

林阿根(舟山渔民):

英国人在海里看见船来了,双手使劲游,使劲游,游到船旁边来。渔民靠近,他们就被人拖上来,还有一些人攀住船沿,自己爬上来。

95岁的林阿根老人是拍摄时唯一健在的参与出海救人的舟山渔民。这次营救,一直是岛上村民们最津津乐道的一件事情。

村民:

英国人素质很好的,过去的船和现在不一样,比泡沫船还小,而且浮力也不大。一般一艘船能救10个人,再有人要爬上来船就要沉了。(渔民)就摆摆手说不要上来了。

村民：

我听我母亲讲，渔民如果说不要上来了，英国人就不上船了。

梁益华（参与救援渔民后代）：

当时我们也没什么吃的，只有山芋干、番薯皮，那个时候有的吃已经很好了。英国人拿筷子也拿不像，都是用手拿着吃。那个时候，衣服也湿透了。我们那个时候穿的都是灯笼裤、大襟衣服，我们就把衣服给他们穿，他们非常高兴。

陈雪莲（参与救援渔民后代）：

英国人第二天要被日本人抓去的时候很硬气，他们觉得自己是要被杀头的。英国人当时想得非常明白，他们看当地渔民的生活也很艰难，就把衣服脱下来还给我们。

短视频4：
舟山救人渔民及其后代讲述营救过程

被舟山渔民救起的第二天，这批384名英军战俘被上岛搜捕的日军重新捕获，仅有3人成功逃脱。

1942年10月5日，被捕的战俘们聚集在上海码头，再次进行早点名。原来船上的1800多名战俘只剩下900多人，这意味着将近一半的英军战俘葬身海底。

由于"里斯本丸"上的战俘全部为英国人，战后，英国政府就此在香港展开审判。1945年9月，英国在香港成立临时军事管理部门，用于审理源于日本、中国大陆、中国香港、中国台湾以及公海的战犯案件。

香港审判时的街道（英国战争博物馆提供）

"里斯本丸"上有2人被判对"里斯本丸"事件负责，船长京手茂被判7年监禁，翻译新森源一郎被判处15年监禁。新森的判决书上显示：他并不仅仅对"里斯本丸"上的数百条人命负责，同时还被指控于1942年到1945年在香港期间，虐待多名战俘并且盗窃战俘个人物品。

苏珊娜·林顿（中国政法大学国际法学院教授）：

战俘们被关在舱底的时候听到了日本翻译新森源一郎的声音，因为新森经常用英语对他们吼叫，而且他的英语带有加拿大口音。可他们并没有看到他，只是听到了他的声音。当时参与审判的法官奥姆斯比告诉我，如果新森因此被判刑，那将是死刑。对此，他觉得证据并不充分，所以最终新森并没有被判死刑。

《"地狱航船"：亚洲太平洋战争中的海上活棺材》一书中，作者格雷戈里·F.米切诺估计共有134艘日本商船、156个航次运送过超过126 000人次的盟军战俘，死亡人数超过2万人。

笹本妙子（日本POW研究会事务会长）：

　　在这样危险的环境下选择出航，在这么多潜水艇的围追堵截下选择将战俘送到日本，这件事本身就是非常困难的，还要给他们粮食。基于以上多种因素，我觉得战俘的运输是非常勉强的。所以我认为主要还是军方决策者的过失。

　　查尔斯和他的伙伴们被渔民救起后，又被运往日本大阪从事体力劳动，一直到1945年日本宣布投降，他们才得以返回自己的故乡。

　　怀着对舟山人民深深的谢意，2005年纪念世界反法西斯战争胜利60周年之际，查尔斯带着夫人以及两个儿子重新踏上这片土地。半个世纪后，查尔斯与恩人再次相遇。

查尔斯携夫人返回舟山感谢渔民救命之恩（上海电视台《七分之一》栏目摄于2005年）

查尔斯·佐敦（已故"里斯本丸"幸存者）：

　　虽然我已经记不得红薯和茶究竟是什么味道了，但还记得真是太好吃了，实在很难描述这种感觉。

苏珊娜·林顿（中国政法大学国际法学院教授）：

    我们在这里看到的不仅仅只有黑暗，通过这些渔民，我们还看到了一些光明。他们也许并没有太多文化，他们也不参与政治。但当他们看到海上发生的事情的时候，他们是有同情心的，也做出了非常善良的举动。他们完全是不顾自己的性命在拯救陌生人，而这些陌生人的文化背景都与他们完全不同，他们知道什么是应该做的并且他们就是这样做的。

    今天，"里斯本丸"的残骸连同800多名英军战俘静静地躺在这片水域底下。人们为了纪念，在东极岛上最显眼的地方建造"里斯本丸"念馆，详细展示"里斯本丸"事件中大量丰富的历史资料和物件，包括渔民口述，救援名单，"里斯本丸"上的木梯、布匹以及英国战俘在岛上使用过的餐具、饭桶等。

梁银娣（"里斯本丸"纪念馆负责人）：

    英军很可怜，岛上的渔民自己烧了饭，把饭盛到这些饭桶里面，送到英军那里去。当年我外婆也是在家里烧了饭，盛在这个饭桶里送过去。

**短视频5：**
探访舟山"里斯本丸"纪念馆

    当年被舟山渔民救起的查尔斯的家乡，位于伦敦附近的苏雷。虽然查尔斯和他的夫人已相继去世，但他们的子女还是会经常聚在一起，聊聊他们的父亲。

艾伦·佐敦（"里斯本丸"幸存者查尔斯·佐敦之子）：

当二战结束，父亲从战俘营放出来的时候，实在是太瘦了，他的母亲都认不出他。我们一直知道他曾经是一名战俘，但是他从来没跟我们细说过，他只是告诉我们他经常被虐待。我们一直都知道他不吃米饭，因为他告诉我们：作为一名被日军俘虏的战俘，他们唯一的食物就是米饭。

布莱恩·费恩祺("里斯本丸"研究者，英国退伍少校)：

我觉得非常重要的一点是需要记住这些人。有人曾经说过，世界上的每个人都知道"泰坦尼克号"的遭遇，但是很少有人听过"里斯本丸"的遭遇。虽然"泰坦尼克号"上的确有很多人丧生，但是"里斯本丸"上也有很多人丧命，没有人听过他们的遭遇。人们需要知道这些战俘经历了什么，他们究竟是谁。我们希望他们能够被记得，人们也应该给予他们更多的尊重。

## ○ 巴丹死亡行军

日军在战争期间的虐俘行为，除了用"地狱航船"运送战俘，完成各种军事修建任务，还有逼迫战俘进行苦行军，其中最臭名昭著的就是日军在远东三大暴行之一的巴丹死亡行军事件。

日本偷袭珍珠港后，日本陆军开始侵略菲律宾并与美国及菲律宾的联合守军交战。菲律宾巴丹半岛上的美菲守军与日军激战达4个月，最后因缺乏支援与接济，于1942年4月9日向日军投降，投降人数约有78 000人。这些人经历了地狱般的死亡行军。

日军计划带走美菲战俘，可他们对于战俘人数、健康状况以及后勤补给的预估都是错误的。大约8万名战俘被迫向巴丹半岛北方步行96公里，转而向东前往圣费尔南多搭乘火车，他们被装进闷罐车内前进了32公里，最终还要步行16公里才能到达奥唐奈战俘营。约有5 000名菲律宾战俘和7 000名美国战俘在到达战俘营前死亡。

因为巴丹死亡行军事件,日本陆军中将本间雅晴在马尼拉接受审判,这是亚洲最早的对日战犯公开审判。

里卡多·何塞是菲律宾大学的教授,他从事马尼拉审判的研究已经有几十年。

里卡多·何塞(菲律宾大学历史系教授):

> 那么快就进行审判的原因是美国和菲律宾都希望在人们忘却之前,正义能够得到伸张。所以在1945年10月,也就是日本投降后一个多月,美国就在菲律宾开展军事法庭的审判,要接受审判的日本军官很快就被确定下来,就是当时在菲律宾的最高长官——山下奉文和本间雅晴。

在美国国家档案馆保留的影像资料中,我们还能找到完整的审判本间雅晴的视频资料。在马尼拉法庭上,巴丹死亡行军的幸存者詹姆斯·巴尔德萨出庭证实日本士兵对于战俘的非人虐待:

詹姆斯证实日本对于战俘的非人虐待(美国国家档案馆提供)

法官：当你被关在卢包尔的时候，你看到了什么特别的事情吗？

詹姆斯·巴尔德萨：是的，我们在那里遇到了和在巴郎牙同样的问题，日军不允许我们做饭。但是，一些菲律宾人还是想要煮米饭，两个菲律宾人想要碰碰运气，他们被抓住以后就被活埋了。

法官：是你亲眼看到的吗？

詹姆斯·巴尔德萨：是的，在场的所有人都能看到，历历在目。

法官：它发生的时候离你多远？

詹姆斯·巴尔德萨：大概10英尺（3米）。

除了目睹菲律宾战俘因煮米饭而被活埋，詹姆斯还向法庭讲述他的朋友麦肯诺上校被日本士兵残忍杀害的过程。

詹姆斯·巴尔德萨：在我们前往奥莱尼的路上，麦肯诺上校径直向一座房子的方向走去。我问他："你去哪里？"他说："我必须要碰碰运气。"我问："为什么？"他说："我实在是办不到，我走不动了。"我问："为什么？"他说："我的脚太疼了。"我说："如果你往那里走你一定会被射死的。"他说："我必须要碰碰运气。"他在走到房子之前，就被人从背后射死了。

法官：谁射死的他？

詹姆斯·巴尔德萨：日本士兵。

**短视频6：**
巴丹死亡行军幸存者讲述日军暴行

在长达3 000多页的关于巴丹死亡行军的庭审记录中，存有詹姆斯对于行军途中战俘尸横遍野的描述。

菲律宾巴丹半岛上的圣费尔南多火车站，曾是巴丹死亡行军的一个中转站，战俘们在这里由原来的步行改乘火车前往目的地——奥唐奈战俘营。现在，这里已建成一个巴丹死亡行军的纪念馆，墙瓦上的黑色斑驳印记是当年日军轰炸留下的。原来两层的火车站，在日军猛烈的轰炸下只剩下一层。

巴丹死亡行军中转站圣费尔南多火车站（摄制组摄于菲律宾圣费尔南多）

詹姆斯·圣地亚哥（圣费尔南多火车站向导）：

　　在一辆最多只能容纳60个人的闷罐车里，日本人是怎样做的？他们将100多个人塞进火车里，因此，其中一些战俘因窒息死亡。死亡行军的终点站是奥唐奈战俘营。

　　美国在马尼拉设立法庭，法庭上本间雅晴拼命为自己辩解，表明他没有下达过任何有关死亡行军的命令，并表示这一事件不是长期策划的阴谋行动。然而，中将和知鹰二的证词却暴露了事实：

　　下达到部队里的命令都是手写的，将战俘撤离这件事早在

3月15日之前就已经计划好了。我当时做的就是将这个事情告诉本间将军，本间将军说就按照原先的计划执行。于是，我就将这个命令写下来交给负责传递命令的人，告知大家按照原计划进行撤离行动。

里卡多·何塞（菲律宾大学历史系教授）：

（本间雅晴）他肯定能够听到战俘们的喊叫声，所以，他辩称自己不知情肯定是撒谎。他的部下们肯定会将这些报告给他，本间雅晴谎称自己当时忙于科雷吉多尔的战事。但鉴于指挥官责任，他应该是要知道的，而且我认为他一定是知道这些情况的，本间雅晴有责任确保这样的事情不会发生。

法庭现场的法官：

对于被告的指控如下：本间雅晴于1941年12月8日至1942年8月15日期间，任日本陆军中将及日本陆军驻菲律宾总司令，并未依法履行作为总司令的义务约束自己的下属，纵容他们向美国人民以及美国的同盟国和附属国，特别是菲律宾人民施以暴行。因此，本间雅晴违反了战争法。

**短视频7：**
美国法庭审判本间雅晴案

最终，美国在马尼拉的审判法庭判处本间雅晴死刑，于1946年4月3日执行枪决。

美国在马尼拉的审判法庭判处本间雅晴死刑（美国国家档案馆提供）

## ○ 泰缅死亡铁路

日军在二战期间为了弥补国内和其他战场上劳动力不足的问题，把大量战俘用于修建公路、装卸船只、修建和维护飞机场、在矿场和工厂里做苦工。其中，泰缅死亡铁路事件臭名昭著。

彼得·托马斯是一名机械工程师，从小生活在英国曼彻斯特附近一个名叫伊尔拉姆的小镇。年近50岁的他，对于战争历史有着特别的兴趣。

彼得·托马斯（《两个英国小镇上的士兵》作者）：

我的祖母在二战中失去了她最小的弟弟，她会经常给我讲他的故事。同时，我的祖父也曾在二战期间服役于英国军队，但是他却对此只字不提。我小时候经常和祖父母在一起，这让我对这段历史非常感兴趣。随着我渐渐长大，我开始意识到研究这段历史不仅仅是对我们这座小镇，对整个世界都是有意义的。

《亚太战争审判》全纪实

我觉得有必要告诉大家这些故事。

彼得开始致力对伊尔拉姆小镇及附近的卡迪斯小镇上走出来的二战士兵的研究，他们中的大多数在成为战俘后，都被运往泰国修建泰缅铁路。于是，彼得萌生了写《两个英国小镇上的士兵》这本书的想法。为了获得第一手资料，泰国成了他一直想要去的地方。

北碧距离泰国首都曼谷150公里，这里群山环绕，风景秀丽，桂河静静地流淌着。彼得从英国千里迢迢来到这里，想要寻找一位名叫华莱士·布朗的二战士兵。1942年2月15日，英军驻新加坡总司令白思华向日本投降，驻守新加坡的英军成了战俘。21岁的华莱士·布朗是英国皇家炮兵团135野战部队的一名炮兵，他被辗转运往泰国，被迫成为一名建造泰缅铁路的劳工，死于1943年10月。

澳大利亚人罗德·贝提曾是一名路桥工程师，20世纪90年代来到泰国工作。在澳大利亚军队服役过6年的罗德对二战历史非常感兴趣。他很好奇，为什么修建一条铁路会牺牲那么多生命。为此，他开始进行研究，一钻就是25年，并且建立泰缅铁路博物馆。彼得在罗德的帮助下，顺利找到华莱士的墓地。

罗德在泰国北碧丛林中寻找泰缅铁路遗迹（摄制组摄于泰国北碧）

彼得·托马斯在北碧墓地悼念华莱士（摄制组摄于泰国北碧）

1942年底，在太平洋战场上节节胜利的日本为了推进在缅甸和印度的作战计划，决定修建一条铁路。这条铁路深入热带丛林腹地，穿越崇山峻岭，全长415公里，目的在于方便日本从泰国运送战略物资到缅甸。两年时间里，日本从占领区共调用62 000名盟军战俘，近20万亚洲劳工修建铁路。直到1943年铁路完成，战俘中约有12 000人死亡，将近一半的劳工，10万余人倒在这条铁路上。因此，泰缅铁路又被称为"死亡铁路"。

罗德·贝提（泰缅铁路纪念馆馆长）：

因为当时战时的条件以及日本人自己所固有的观念，他们并不在乎当时作为奴隶的战俘们。日本人只关心他们的进度能否按时完成。如果有人死去，他们就运新的人来。

泰缅铁路修建后期，日军强迫战俘日夜赶工，黑夜里在铁路沿线燃起的火把，从远处看就像是来自地狱的火，"地狱火通道"因此得名。

罗伯特·克雷尔（英国伯明翰大学国际刑法教授）：

"地狱火通道"（摄制组摄于泰国北碧）

　　战俘被大规模虐待，其中最有标志性的就是泰缅铁路，也叫"死亡铁路"。由于泰缅铁路是一个军事项目，所以，日军除了将战俘置于恶劣的工作条件下，还强迫他们建造军事工程。这无疑是一项战争罪行，因为这使你违背了你自己的国家。战俘可以工作，但不能被强迫建造军事工程。

**短视频8：**
泰缅铁路上的"地狱火通道"

　　今天，来泰国北碧旅游的游客能乘坐火车通过一段70多年前修建的泰缅铁路。罗德再次踏上泰缅铁路的火车，带领摄制组去看看泰缅铁路沿线的战俘营以及战俘们的生活状态。

　　罗德·贝提（泰缅铁路纪念馆馆长）：

　　传染病爆发了，成百上千的亚洲劳工病死，没有人埋葬他们的尸体，所以欧美战俘就被用来埋葬亚洲劳工。大批亚洲劳工被埋葬在那边，今天，他们仍然在那里。因为亚洲劳工得了传染病，上游的水源污染了，水流把疾病带给了下游的战俘营，大约有150名战俘患病而死。

罗伯特·克利伯（澳大利亚国立大学亚洲历史学教授）：

日军中曾流传着这样的说法："爪哇岛是天堂，缅甸是地狱，没有人能从新几内亚回来。"在热带雨林中总是很可怕的，战俘很容易得热带疾病，皮肤溃烂。

研究泰缅铁路的25年间，罗德走访了大量档案馆，以此建立一个庞大的数据库。数据库里记载了修建过泰缅铁路的95%战俘的基本资料。

罗德·贝提（泰缅铁路纪念馆馆长）：

那些被埋葬在这里的军人的家属经常会来到这里，寻找他们的祖辈。他们手上并没有太多的资料可以提供，所以，我一开始做研究的时候，就是从埋在这里的战俘们开始的。我先去英国、澳大利亚、荷兰的档案馆找资料。比如说，这个就是死亡证明，上面有这个人的死亡时间、死亡原因，以及他一开始被埋葬在哪里。

罗德的研究中心每天接待着从世界各地来到北碧寻访亲人的人们。

罗德·贝提（泰缅铁路纪念馆馆长）：

其实很多人不知道，许多人是死在海上的，运输他们的船是被盟军击沉的。

当问他为何要花费如此多的精力去搜集这些战俘的资料时，罗德并没有正面回答，而是讲了一个故事。

罗德·贝提（泰缅铁路纪念馆馆长）：

一位女士告诉我，她的家人一直被告知她的外祖父曾经在泰缅铁路上工作，而且活了下来。战争结束后他被送上飞机回英国，但是飞机坠毁了。这就是75年以来这位女士的家人所知道的一切。但事实并不是这样，其实她外祖父在新加坡被关了15个月，然后他来到了泰缅铁路上的一个战俘营。两个月之后，也就是1943年7月，他死于痢疾。这位女士听到后泪流满面，因为这是她第一次知道真相。她说，我终于能够回家告诉我的母亲，我的父亲是怎么死的了。

短视频9：
罗德讲述建立泰缅铁路纪念馆的缘由

战后，远东军事法庭对泰缅死亡铁路事件进行公开审判，各国的BC级法庭也做出相应的判决。在新加坡的法庭上，共有111名日本军官被指控有罪，其中32人被判死刑。

内海爱子（日本大阪经济法科大学教授）：

判刑的依据并不是故意的拷打、逼供这样的虐待，而是不给食物，让他们在雨中干活，并且不提供药品，诸如此类的虐待。泰缅铁路事件中被判死刑的是那些在现场命令战俘修铁路的人。

英国国家纪念馆中，坐落着一栋小木屋，它被称为远东战俘纪念馆，里面记录了二战期间日军对各国战俘的暴行。"地狱航船"、巴丹死亡行军、泰缅死亡铁路等虐俘事件都能在这里找到，展馆内一面墙上滚动播放着二战中阵亡的士兵名单。

英国国家纪念馆中的远东战俘纪念馆（摄制组摄于英国）

丹尼斯·惠妮（"里斯本丸"幸存者丹尼斯·莫利之女）：

如果没有中国舟山渔民的帮助，日本人可能会把"里斯本丸"上的所有人都杀掉，我的父亲也不会在这里了。

丹尼斯现在和他唯一的女儿生活在一起。但是，对自己在"里斯本丸"上九死一生的经历，他很少对家人提及，他的女儿也是在五六年前才开始慢慢了解父亲的故事。

丹尼斯·惠妮（"里斯本丸"幸存者丹尼斯·莫利之女）：

人们纷纷前来，想要了解他成为一名战俘的经历。我也是每次通过这个才会多了解一些，像今天我就知道了一些他以前从没有说过的细节，也许他认为要开口讲这些很难。

丹尼斯说，他刚回到英国的那段时间天天做噩梦，但从2009年再次踏上日本的土地，他的噩梦终于结束了。

丹尼斯·莫利（"里斯本丸"幸存者）：

如果你的内心全都是恨，那只会让你自己感到不安。恨并不管用，好好享受生活，就让它结束吧。

在圣费尔南多火车站，向导詹姆斯仍在接待来自世界各地的游客，讲述着巴丹死亡行军的故事，希望能让更多的人了解这段历史。

詹姆斯·圣地亚哥（圣费尔南多火车站向导）：

我一直都告诉来到这里的年轻人们，我们不能让历史被遗忘。你不能否认历史，历史是我们现在的基石。

当摄制组一年后来到英国伊尔拉姆的时候，找到了从泰国回来的彼得。在小镇的中心区，树立着二战纪念碑，上面镌刻着二战中牺牲的当地人的名字。每年的国殇纪念日，人们都会汇集在这里，纪念那些为了和平而牺牲的人们。

彼得·托马斯（《两个英国小镇上的士兵》作者）：

去年，我去了华莱士·布朗在北碧的墓地。在这里，我们把他的名字刻在了教堂纪念碑上，一战和二战中牺牲的人的名字都会被刻在这儿。

从泰国回来以后，彼得将在泰国搜集到的信息补充进自己的书里，《两个英国小镇上的士兵》即将再版。

彼得·托马斯（《两个英国小镇上的士兵》作者）：

我们不遗忘他们，这一点很重要。当你在读一本历史书的时候，你可能不会对它注入太多的情感，这可能就是一些事件，一些数字，一些人丢了性命。但如果你想到这些人都是一个个鲜活的个体，他们有自己的思想，他们有自己的人生，他们有自己的家人，有些人就这样牺牲了。另外一点就是，我们要记住他们，只有这样，我们才不会犯相同的错误。

短视频10：
每个人都是鲜活的个体，都需要被铭记

在彼得所在小镇最中心的位置，印刻着一句座右铭："为了人类的明天，我们奉献了生命。"

# 那些百岁老人告诉我的事

王静雯

按下邮件发送键，我怀着忐忑的心情开始祈祷：千万要看到，千万要回我，千万要答应我！其实，这样的场景在此之前已经重复了很多次。这是我为了找到"里斯本丸"事件的相关采访人物，在一个星期内发的第12封邮件，而之前的11封要么石沉大海，要么被婉拒。

两天后的2019年1月20日晚上10点38分，我终于等到了期盼已久的回复，这封回信来自"里斯本丸"研究专家、英国退伍少校布莱恩·费恩祺先生。布莱恩给我回了一封长长的信，他的回复令我十分振奋。他说："**你们拍摄这部纪录片的初衷与我关注'里斯本丸'这一事件的原因是相同的，即希望有更多的人能够关注到这些二战士兵的遭遇，他们不应该被遗忘，历史不应该被遗忘。**"

就这样，之后的两个多月，布莱恩和我互通了无数的邮件，确定了拍摄时间、拍摄人物，甚至采访提纲等一系列细节。3月底的上海樱花竞相开放，我们的摄制组就在这个春暖花开的季节乘坐飞机前往英国伦敦。

很多人都听说过"地狱航船"——二战期间日军通过大量船只将盟军战俘和平民送往日本本土以及各个占领区，用以补充日本国内的劳动力。但是大概很少有人知道，这些"地狱航船"大多数是被盟军的潜艇击沉的，而其中一艘船上的英国战俘竟然还得到过中国浙江渔民的救助。

**100岁的丹尼斯·莫利先生，是拍摄时英国唯一健在的"里斯本丸"幸存者**。在布莱恩的帮助下，我们一下飞机还没来得及倒时差，便驱车3个小时赶到老先生位于查尔福德的家。

那天的天气特别好，阳光有些刺眼。莫利先生的家在一个小镇上，在见到老先生本人之前，布莱恩就给我打好了"预防针"：莫利先

"里斯本丸"沉没（导演翻拍于英国国家档案馆）

生两个礼拜前刚得了一场大病，服用了一个多礼拜的盘尼西林才稍有好转，所以现在思路可能不太清楚。在大门口迎接我们的是莫利先生的女儿，走进门，莫利先生就静静地坐在沙发上，岁月在他的脸上留下了深深的印记，远远望过去就像一幅画。莫利先生的女儿告诉我们，老先生一大早就已经开始期待我们的到来，年纪越大就越像一个小孩，总希望有人来陪他聊聊天。

因为不希望过多影响老先生的生活，我们的采访就在沙发上进行，我和摄像采取跪坐以及席地而坐等奇奇怪怪的采访姿势。但就像布莱恩所说的那样，莫利先生的记忆仿佛停留在某一特定的时间段，他总是在说二战结束后他是如何从日本被辗转送回英国的，而对于我们迫切想要知道的"里斯本丸"的故事却只字不提。一筹莫展的我们只得转而采访莫利先生的女儿，顺便让老先生休息一会儿。

等我们采访完回到屋内，不死心的我继续在老先生对面席地而坐，开启聊天模式，摄像孔权则开始拍摄屋内的一系列空镜。**这个时候，莫利先生记忆中关于里斯本丸的开关仿佛被打开了一般**，我连忙用眼神示意摄像赶紧把机器挪过来，孔权也十分"接翎子"地火速将镜头对准了老先生。

莫利先生开始滔滔不绝地讲述自己在这艘"地狱航船"上的遭遇：在船只被鱼雷击中后，日本士兵将舱门钉死，切断了战俘们唯一的逃生之路；日本士兵朝落水的英国战俘射击。虽然这些细节在来之前我已经了然于心，但是从一位100岁的老人口中亲耳听到还是非常震惊。**当老先生有些激动地说"是中国渔民的出现改变了一切"的时候，我分明看到之前情绪还毫无波澜的老先生眼里闪着泪光。我知道，这次采访终于圆满了。**

丹尼斯·莫利先生情绪略显激动地讲述中国渔民援救英军战俘的故事（摄制组摄于英国查尔福德）

在英军战俘落水的同时，不远处的东极岛上的渔民也听到了巨大的爆炸声，他们纷纷划着小船来到海上。因为在他们的信念中，海上发生了事故就必须去营救。就这样，东极岛上的渔民共出动46艘渔船，65个船次，共有384名英国战俘被救起。**当时的惊心动魄，我们现在还能从参与营救的舟山渔民林阿根口中听到。**

"英国人在海里看见船来了，双手使劲游，使劲游，游到船旁边来。渔民靠近，他们就被人拖上来，还有一些人攀住船沿，自己爬上来。"这是2019年8月林阿根老人向摄制组讲述的营救英军战俘的情形。不幸的是，在片子即将播出时，老人去世了，享年96岁。

96岁的林阿根老人接受摄制组采访（摄制组摄于中国浙江省舟山市）

第二天，这批被舟山渔民救起的384名英国战俘还是被上岛搜捕的日军捕获，当他们在上海码头重新点名时，原本的1 800多名战俘只剩下了一半，这也意味着将近一半的战俘葬身海底。

关于"里斯本丸"事件，战后英国政府在香港展开审判，共有2人被判对"里斯本丸"事件负责：船长京手茂和翻译新森源一郎。为此，摄制组不远万里来到英国伦敦，两次造访英国国家档案馆，终于在一米多高的相关资料中查找到这2名战犯的审判原件，并在英国战争博物馆内找到了当时英国审判的视频资料。而这些，都是首次在国内纪录片中公开呈现。

导演王静雯在英国国家档案馆采集英国审判资料

最让我感动的是在莫利先生采访的最后，我问他："您恨那些虐待你们的日本人吗？"莫利先生回答得很平静，他说："**恨只会让你自己感到不安，所以你要做的就是好好享受生活，让它结束吧。**"完全没有波澜的语气，仿佛近80年前的这件事并不是发生在自己身上一般。如此豁达的心态，大概只有经历过岁月的长河才能够拥有吧，我想。

　　临走时，我们同莫利先生告别，他拉着我的手说"You made my day"（你们给了我美好的一天）。而我报以一个大大的拥抱，感谢他愿意同我们分享这些"曾经痛苦的经历"以及经过岁月洗涤后的人生感悟。

丹尼斯·莫利先生在位于查尔福德的家中（摄制组摄于英国查尔福德）

摄制组与丹尼斯·莫利先生及其家人的合影

　　我们不应该忘记那些为了和平而牺牲的人们，我们更不应该忘记历史。**还原真相，不是为了记住仇恨，而是为了铭记历史，警醒世人永远不要忘记历史的悲剧。**

# 第三章
# 生死飞越

位于美国夏威夷的珍珠港，每天都迎来世界各地络绎不绝的游人，这里见证着一段令人难以忘怀的二战史。近80年前，日本的飞机打破了这里的平静，偷袭珍珠港标志着太平洋战争的爆发。1941年12月7日清晨，350余架日本飞机对美国太平洋海军基地珍珠港实施偷袭轰炸，并向美国战列舰和巡洋舰发射鱼雷，毫无防备的美军太平洋舰队受到重创。美国总统罗斯福随即宣布美国参战。

美国人苏珊·奥祖克的父亲查尔斯·约翰·奥祖克，是二战时美国陆军航空队的领航员，他和中国有着特殊的联系。父亲去世后，她多次不远万里来到中国。70多岁的苏珊说，如果没有中国人的帮助，就没有现在的她。

## ○ 飞行员虐杀事件

二战时的偷袭珍珠港事件是一场巨大的灾难，美国政府当机立断，决定必须做出反击。为了警告日本并且重振美军的士气、鼓舞民心，美国决定对日本本土实施空中轰炸。1942年4月2日，美国航空母舰大黄蜂号出现在西太平洋海域，16架中型轰炸机即将起飞，前去执行一项秘密任务。指挥这场秘密任务的司令员是詹姆斯·杜立特中校，因此"东京空袭"又被称为"杜立特突袭行动"。

1942年4月18日早晨7:38，美国航空母舰大黄蜂号所在的第16特混舰队在距离日本本土1 200公里时，被一艘日本哨戒船发现，该船随即向日本发送无线电预警。这时，舰队还没有到达预定起飞点。

为了保证整个舰队的安全和行动的突然性，舰队指挥官决定立即放飞16架B-25轰炸机。这次的起飞比原计划整整提前7个小时，并且多飞行270公里。起飞前，海军教官教给飞行员们一句中文"我是美国人"，因为他们计划在轰炸结束后飞往中国。但是，本已紧张的燃油能否支撑他们按计划抵达中国呢？

当时海面上波涛汹涌，狂风大作，能见度极低。B-25轰炸机借助强劲的逆风，一架一架稳步升空，这是美国陆军中型轰炸机第一次从航母近距离的跑道上起飞。为了躲避日军侦测，16架轰炸机贴近海面低空飞行了5小时后，于东京时间正午时分飞抵日本上空，轰炸东京、横滨、横须贺、名古屋、神户等地的军事和工业目标。

郑伟勇（《降落中国——杜立特突袭东京》作者）：

> 杜立特突袭行动是美国在珍珠港事件之后，第一次对日本本土进行的攻击。虽然这一次轰炸的军事成果不是很大，但是它的政治意义、宣传效果，对盟军、军民的信心提振有非常大的意义，也让日本的国民、军队深受心理打击。

轰炸后，对于飞行员们来说，最大的问题是如何安全抵达中国。原计划轰炸结束后，16架轰炸机将飞往中国东部，在中国军队控制下的衢州机场降落加油后，再飞往陪都重庆。但由于中国方面没有收到提前行动的通知，误以为是日本飞机来袭而关闭了机场。轰炸机队除一架飞机因耗油过大转向在苏联降落，其余15架轰炸机在中国东部地区上空耗尽燃油，飞行员们只能弃机跳伞或迫降，其中就包括苏珊的父亲查尔斯·奥祖克。

短视频1：
杜立特突袭事件

查尔斯在深山里独自待了两天。

苏珊·奥祖克（杜立特飞行员查尔斯·奥祖克之女）：

这是一个风雨交加的夜晚，我父亲的降落伞被勾住了，可能是在树上，也可能是在山上，他挂了两天。他的左腿受伤了，只能把自己从降落伞下拉上去，爬到山上。他被村民发现的时候是匍匐在地的。

苏珊的父亲被当地村民廖诗元发现，并叫人一起帮忙解救他。这样才救了查尔斯一命。所以苏珊每次来到中国，都会去探望这位恩人之子，84岁高龄的廖明法老先生。

廖明法（救助查尔斯·奥祖克的中国百姓廖诗元之子）：

我爸爸兄弟四个用竹躺椅把外国人从山上抬下来，抬到我们家里。他身上到处是刺，脏兮兮的。我妈妈帮他洗脸擦身，帮他洗干净身上，换了干净衣服。然后煮鸡蛋给他吃，拿筷子给他用，他用不来。再给他勺子，他不敢吃。后来我们重新拿了个小碗，吃给他看，他才吃。

苏珊·奥祖克（杜立特飞行员查尔斯·奥祖克之女）：

廖明法的母亲帮我父亲包扎伤口，帮他洗衣服，给他更多的衣服穿。

在廖家的老宅里，依然保留着查尔斯当时睡过的那张床。为了让查尔斯好好休养，廖诗元让儿子把自己住的房间让出来，给查尔斯住，让儿子去阁楼上打地铺。

查尔斯住过的房间（摄制组摄于中国衢州）

廖明法（救助查尔斯·奥祖克的中国百姓廖诗元之子）：

当时我们是大山区，山区里面米很少，一般吃玉米多。后来用米饭煮给他吃，还是福建浦城红米，把米放在石墩上重新磨过，磨成白白的给他吃，他才要。有些时候煮点面条给他吃，因为当时生活条件困难。

查尔斯不是唯一在衢州安全获救的美国飞行员。在浙江省衢州市汪村，有一个红色墙面的山洞，曾先后有51名杜立特飞行员藏身于此。70多年过去了，山洞还依旧保留了当年的样子。在洞穴的外墙上，还刻着当时藏身的飞行员的名字，这是苏珊此次中国之行的重要发现。

参与杜立特突袭行动共有16架飞机，共80名飞行员，其中13架飞机降落在中国安全区，共有64人被中国老百姓所营救，并安全护送回国。

短视频2：
杜立特领航员之女苏珊看望恩人之子

郑伟勇(《降落中国——杜立特突袭东京》作者):

> 日本人通过审讯、侦查知道中国浙江衢州周边的机场群是这次突袭结束在中国降落的主要机场,由此他们发动了浙赣战役。浙赣战役的目的就是到衢州来破坏衢州、丽水、玉山的机场,防止同盟国利用这些机场对他们本土进行轰炸。

1942年5月,日本发动浙赣战役。据不完全统计,在这场战役中,中国共有25万余军民伤亡。

苏珊·奥祖克(杜立特飞行员查尔斯·奥祖克之女):

> 我知道中国人民为了救助这些杜立特飞行员,付出了惨痛的代价,这是我会一辈子铭记在心的事,一辈子都感激中国人民。

64名降落在中国安全区的美国飞行员是幸运的,而另有8名降落在中国日占区的飞行员却经历了可怕的灾难。6号机组的3位成员霍尔马克、米德尔和尼尔森,16号机组的5位成员法罗、海特、巴尔、德谢泽、斯帕兹,在中国日占区全部被日军俘虏。8名被俘的飞行员,随后被送往了位于中国上海的大桥大楼。

位于中国上海市四川北路上的大桥大楼,曾经是日本在上海的宪兵队总部,8名被日军俘虏的杜立特飞行员当时就关押在这里一楼的牢房里。70多年之后,苏珊来到当时关押她父亲同伴的监狱里,向我们阐述当年这里发生的事情。

苏珊·奥祖克(杜立特飞行员查尔斯·奥祖克之女):

> 他们被虱子、老鼠和苍蝇叮咬,最终脸和手都肿得变形。

苏珊珍藏的《杜立特突袭行动》由卡罗尔·V.格林斯撰写,于1988年出版,书中通过采访多位杜立特飞行员,记录他们的回忆,真实展现他们当年在狱中受到的非人折磨。

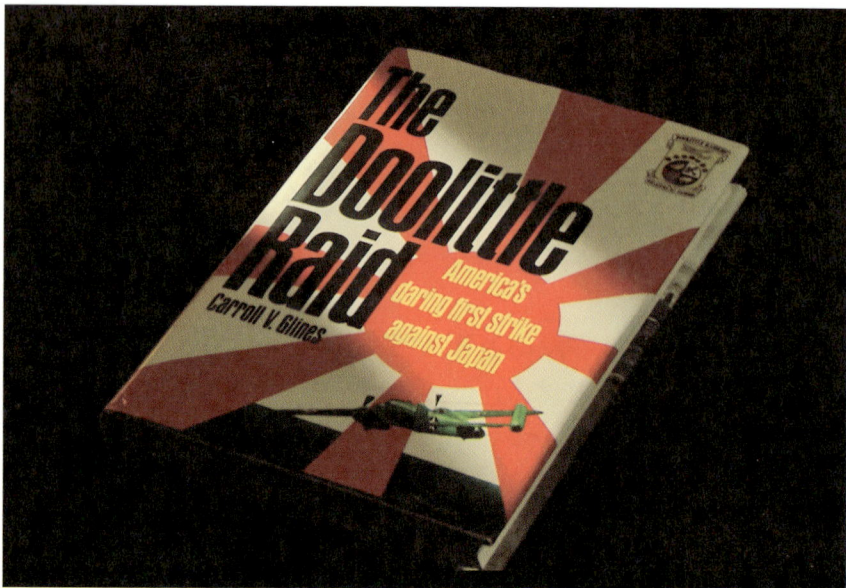

卡罗尔·V.格林斯撰写的《杜立特突袭行动》(摄制组摄于中国上海)

苏珊·奥祖克(杜立特飞行员查尔斯·奥祖克之女):

尼尔森回忆道:"4月24日下午3点,日本人把我从牢房里拉出来,开始盘问我的任务信息。首先,他们把笔放在我的手指间,捏紧我的手并上下来回拉动笔,我手指的皮硬生生地被磨破了。"尼尔森被迫躺在地上,被执行"水刑",4个士兵分别坐在他的四肢上,第5个人把湿毛巾蒙在他的脸上,并往他的脸上倒水。每次他想呼吸,就会吸入更多的水,导致濒临窒息的感觉。

1942年4月28日,日本首相东条英机召集他的主要阁僚开会,决定如何处理这8名被俘美国陆军航空队员。

郑伟勇(《降落中国——杜立特突袭东京》作者):

如何处置他们,日本高层之间有非常大的争论,他们有些人觉得要把这些飞行员全部杀死;其他人像东条英机,可能考虑到一些其他方面的原因，主张给他们比较轻的处罚。

1942年10月15日，日军在上海的第十三军军部，对8名美国飞行员进行所谓的军事审判。最终以飞行员带着恐吓的意图，打死打伤无辜平民和报复性破坏等理由，判处霍尔马克、法罗和斯帕兹3名飞行员死刑，判处其余5名飞行员无期徒刑，整个审判用了不到2小时的时间。当日下午，3人被执行枪决。

顾若鹏（剑桥大学亚洲与中东研究学院教授）：

这是日军的一种公共宣传和公共示威，为了表示日本占有主导地位。他们不是要简单地处决这些人，他们要把飞行员放在一个所谓的军事审判中，和战后最终审判日本战犯类似的军事审判。

二战后，美国分别在上海、横滨、马尼拉、关岛和夸贾林岛设立5个军事法庭，针对日本BC级战犯展开军事审判，主要针对虐待俘虏问题进行审理。针对俘虏犯罪的案件比例，占所有审理案件的80%多，其中有一部分案件是针对美国飞行员在二战期间所受的虐待和杀害。美军设立在上海提篮桥监狱的军事法庭，审理了关于虐杀杜立特飞行员的案件。

短视频3：
被俘杜立特飞行员被日军虐待

位于中国上海市黄浦江畔长阳路147号的提篮桥监狱，里面有一幢历史悠久的楼房。徐家俊，曾任中国监狱工作协会监狱史学专业委员会秘书长，撰写并出版了国内第一部描述提篮桥监狱的纪实读物《提篮桥监狱》。他带摄制组来到了这座位于虹口的监狱,向人们揭开当年发生在这里的一段美军军事审判的历史。

徐家俊(中国监狱工作协会监狱史学专业委员会原秘书长):

抗战胜利以后,这里是关押日本战犯的重要场所,先后有几百名日本战犯关押在这里。

1946年1月18日,距离日本正式投降仅4个多月的时间,美军在上海组织建立军事法庭。9个月的时间内,共审判了48名日本战犯。40天后,美军对虐待和杀害杜立特飞行员的日本战犯进行军事审判。日本第十三军军长泽田茂,第十三军军事法庭法官和光勇精、冈田隆平,日军江湾监狱典狱长立田外次郎接受审判,被控非法审判8名美国飞行员以及虐待战俘。

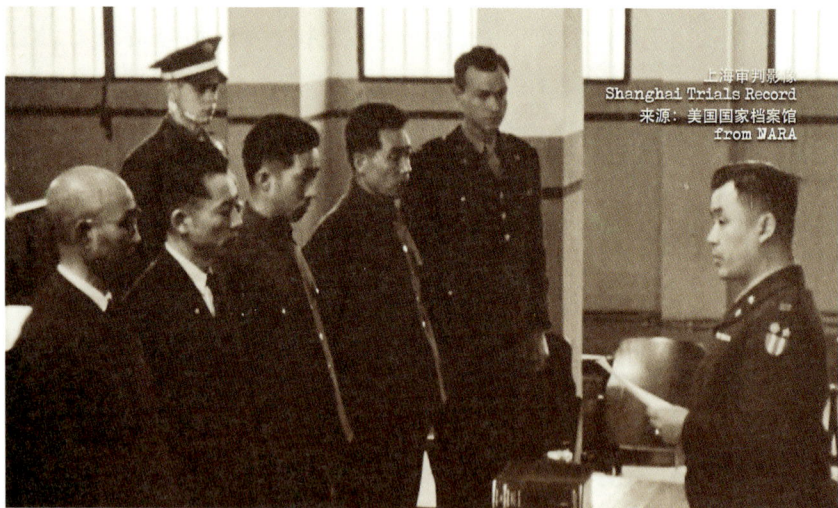

上海审判影像
Shanghai Trials Record
来源:美国国家档案馆
from NARA

美国在上海的军事法庭(美国国家档案馆提供)

徐家俊(中国监狱工作协会监狱史学专业委员会原秘书长):

法官、检察官、律师都由美军军官担任,另外又聘请日本人的翻译，也有美国人的翻译，组成一个完整的法庭。据我所知，这里一共审判了20多次，次数是蛮多的，提审也征询了好多证人证言。他们主要是根据两条：一条是非法审判，一条是虐待俘虏。

1946年4月15日，美军上海军事法庭判处泽田茂、冈田隆平、立田外次郎重体力劳役5年的监禁，并且判处和光勇精重体力劳役9年的监禁。

顾若鹏（剑桥大学亚洲与中东研究学院教授）：

无论审判的目的是什么，都需要证据。如果你要证明自己的审判比日本审判美国飞行员更加公正，你就要更加严格地依法审判，这就是战争审判和复仇的区别。

短视频4：
美国战后在上海进行对日军事审判

在中国浙江省衢州市的杜立特行动纪念馆里，展出了关于杜立特突袭行动以及中国老百姓营救杜立特飞行员的珍贵资料，其中一部分来自杜立特独立研究员郑伟勇。20余年间，他亲自走访曾经参与救助杜立特飞行员的中国老百姓，发掘历史真相。他多次受邀前往美国参加官方纪念活动，并多次陪同飞行员后代在中国祭奠他们的父辈。这座杜立特行动纪念馆见证了中美联合反对日本军国主义的斗争，也见证了中美两国的友谊。

对于美国而言，珍珠港遭到重创以及杜立特突袭的成功，让他们从中吸取了一个重要经验。

郑寅达（中国世界现代史研究会副会长）：

从美国方面来讲,珍珠港挨打,他们反过来吸取了这样一个先进经验,也就是海军航空兵、航空母舰可能在未来的海战中起主打作用。

杜立特突袭是中型轰炸机第一次从舰载航母的甲板上起飞,尽管军事效果不大,也没有改变整个战局,但却狠狠地打击了日本军民的信心。

郑伟勇(《降落中国——杜立特突袭东京》作者):

为了防止美国从太平洋的方向向日本本土进行攻击,他们提前发动了中途岛海战。

郑寅达(中国世界现代史研究会副会长):

中途岛之战,日本遭到很大的损失,日本的进攻势头开始萎缩。但是,美国还没有能够反击。这个转折点主要是在瓜岛之战,从中途岛到瓜岛,完成了太平洋战场的转折。

瓜岛战役之后,同盟国逐渐取得太平洋战场的主动权。然而,横在美国和日本之间的还有太平洋上的诸多小岛,所以美国接下来需要扫清障碍。

郑寅达(中国世界现代史研究会副会长):

太平洋战争,与整个世界反法西斯战争是联系在一起的。欧洲的战局发展得很快,如果这样逐岛争夺,一个岛一个岛地打下去,不知道要打到什么时候。所以他们根据这样的情况,放弃逐岛争夺,改成跳岛争夺,像青蛙一样地跳。有些岛,基本上不打;有几个比较重要的岛,比如关岛、硫磺岛这些必争之地,打得比较惨烈。

1943年,日本完成了他们蓄谋已久的"大东亚共荣圈"。为了防止日本南进攻打澳大利亚,美军和日军在所罗门群岛进行激烈的战斗。最终美军夺取瓜达拉纳尔岛,打开日本"大东亚共荣圈"的一个缺口,并以此一路北上,攻下了中途的关岛,直逼日本本土。

## ○ 父岛吃人事件

关岛是太平洋岛屿上的一颗明珠,这里美丽而静谧,放眼望去是蔚蓝的大海和葱郁的山地。很难想象,70多年前,这里曾尸横遍野、满目疮痍,一些二战遗迹至今仍在无意中被发现。

詹姆斯·布拉德利(畅销书《飞行员》作者):

1944年7月21日,对美国海军而言,这是一场自杀性任务,在高山上的日本炮火可以轻而易举地把他们杀死。飞行员们作为先遣部队率先轰炸这里,轰炸了日本人藏身的山洞,让他们躲到深山里,这样海军就能从海岸登陆,在两周内攻下关岛。

詹姆斯·布拉德利之所以对二战历史如此感兴趣,正是因为他的父亲约翰·布拉德利。这张著名的照片拍摄于1945年的硫磺岛战役,其中一位升旗手就是詹姆斯的父亲。

硫磺岛战役升旗手之一詹姆斯的父亲约翰·布拉德利(摄制组摄于关岛)

詹姆斯·布拉德利(畅销书《飞行员》作者)：

　　我的父亲从不提起二战。他死后，我问我的母亲，她说父亲只有在他们第一次约会的时候，就这一经历谈论了7分钟。在他们婚后的47年里，再也没有提起硫磺岛这3个字。

短视频5：
硫磺岛战役升旗手之子讲述关岛战役

　　詹姆斯·布拉德利是畅销书《飞行员》和《父辈的旗帜》的作者，他几乎走遍太平洋战争中的各个岛屿，实地采访和调研，找寻当年二战的遗迹，探寻当年历史的真相。詹姆斯·布拉德利带我们坐上飞机，亲身感受美国飞行员当时如何驾机穿梭于岛上的枪林弹雨之中。
　　詹姆斯·布拉德利(畅销书《飞行员》作者)：

　　你必须驾驶飞机冲入高射炮中，日本的高射炮不断袭来，飞行员就像飞行在巨大的火焰之中。巨大的火球不断向他们袭来，在他们身边爆炸，他们能够感受到爆炸的冲击力，但他们还是必须冲进枪林弹雨之中。

　　《飞行员》一书中揭露了许多二战鲜为人知的历史事件。
　　詹姆斯·布拉德利(畅销书《飞行员》作者)：

　　我花了5年的时间去写《飞行员》这本书，我自己采访了一千多位老兵，他们参加了硫磺岛战役、关岛战役和瓜达拉纳尔岛战役。我告诉在父岛丧生的飞行员们的家人，他们的亲人被虐杀了。对我来说，这是一场发现未知的探索之旅，我揭露了二战的一些秘密。

其中有一些秘密非常骇人听闻。詹姆斯的书中揭露了一件发生在日属太平洋小岛——父岛上的事件。该事件由于太过残忍，在半个多世纪中，被美国政府封为国家机密。1944年，美军轰炸机受命轰炸父岛。对于日本海军来说，这是一个重要的通信中心。轰炸期间，几架轰炸机被日军炮火击中，10名机组人员跳伞降落于父岛及附近海域，其中9名飞行员被赶来的日军抓捕，成为俘虏。1位被运往位于横滨的大船战俘营，另外8位在岛上经历了骇人听闻的"吃人事件"。

詹姆斯·布拉德利（畅销书《飞行员》作者）：

他们在父岛被抓，日本人最终杀了他们，并且食用了部分身体。

詹姆斯在《飞行员》一书中写道："营队里的战士想吃美国飞行员霍尔中尉的肉；藤原中尉将负责分配他的肉；军校的医疗队将参加行刑，负责肝脏摘除。"

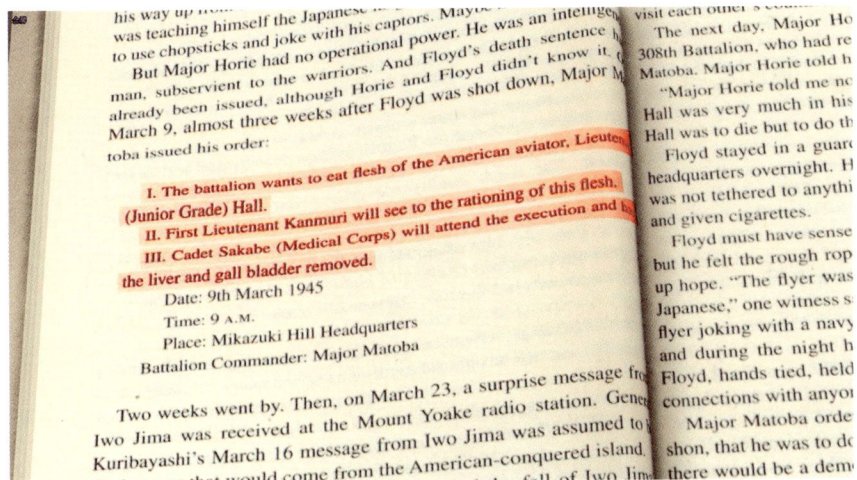

詹姆斯《飞行员》书中对吃人事件的具体阐述（摄制组摄于中国上海）

顾若鹏（剑桥大学亚洲与中东研究学院教授）：

很多原因导致吃人事件的发生，饥饿、纪律松散、憎恨，我认为这些因素的综合，导致这样的惨剧。但是吃人事件没有任何托词，这些惨绝人寰的事件没有任何借口。日本士兵相信精神力量可以战胜军事力量，非常误导人心，也是这些吃人事件发生的原因之一。

父岛事件中，只有1名飞行员被美国潜水艇救起，这位幸运的飞行员就是乔治·H.W.布什，他后来成为美国第41任总统。2002年6月，詹姆斯带老布什再一次踏上那片土地。

詹姆斯·布拉德利（畅销书《飞行员》作者）：

是我告诉老布什总统岛上的那些飞行员发生了什么，他在此之前并不知道。

短视频6：

父岛吃人事件

1945年4月，美国在二战结束前在关岛设立海军军事审判，针对父岛吃人事件进行审理。美国海军关岛军事审判报告中指出，陆军中将立花芳夫杀死6名美国俘虏，伊藤喜久二和另外3名士兵虐杀了2名俘虏，先刺伤俘虏，最后伊藤用刀斩首。军方医疗队将尸体大腿肉和肝脏割下来，供军队烹饪和食用。2001年，詹姆斯采访了当时奉命以观察员身份出席审判的律师比尔·多兰。

关岛审判影像
Guam Trials Record
来源：美国国家档案馆
from NARA

美军关岛军事审判（美国国家档案馆提供）

詹姆斯·布拉德利（畅销书《飞行员》作者）：

　　1946年，比尔·多兰是一个年轻的律师，他参加了关岛审判对于父岛事件的审理。战后，他们把一些坟墓再次挖开，发现了一些笔、头发和骨头，以及不同的飞行员身体的不同部分。但在美军登岛之前，日军把尸体挖了出来，扔进大海里。他们企图掩盖真相，但问题是日本士兵很渴望去作证，日本的低阶士兵把自己的长官如何虐杀美国飞行员并且食用飞行员部分身体的罪行一一揭露出来。

　　父岛审判的最终结果是立花芳夫、的场末男、吉井荣、伊藤喜久二和中岛昇5人被判死刑，于1947年9月在关岛被执行绞刑。

　　美丽的关岛上，静静地矗立着一座象征和平的纪念碑，祭奠在那座岛上牺牲的所有士兵。父岛上丧生的飞行员们，由于所受的迫害太过血腥和骇人，死亡真相在他们死后的50多年里一直被封为机密，美国政府甚至对这些飞行员的家属也隐瞒了事实。

詹姆斯·布拉德利(畅销书《飞行员》作者):

　　比尔·多兰旁听了关岛审判,并且签署保密协议,这是机密。美国政府把二战后审判的数百万页文献资料都归为机密,那些母亲们从来不知道她们的孩子发生了什么。

　　美国在先后攻打了关岛、父岛和硫磺岛等太平洋诸岛后,直逼最终目标——日本本土。二战后期,美国派遣大量B-29轰炸机前往日本,轰炸各个城市。

短视频7:
美军关岛审判

○ 活体解剖事件

　　1945年,美军投原子弹的前几个月,美军B-29轰炸机在日本17个城市投下大量燃烧弹,其中包括九州的各个城市。羽田野秀夫当年是明治小学三年级的学生。一天早上,他正去学校上学,突然响起防空警报,一架美军飞机在他家附近坠落。
　　羽田野秀夫(B-29轰炸机坠落见证者):

　　大家都奔向操场,看着西边的天空,那里有架很小的飞机,机翼上像火柴点燃了一样,转眼间火势就蔓延到周围。然后,我们听到了很响的声音,黑烟也已经冒了起来。

　　工藤文雄(B-29轰炸机坠落见证者):

在被带来的人之中，我看到一名美国兵躺在门板上被搬运过来，然后被放在田里。我看到日本士兵正在观察美国兵上半身的伤。

美军轰炸机坠落后，当时有8名受伤的飞行员被带到了位于福冈市的九州帝国大学医学院。具有100多年历史的九州帝国大学医学院，是日本最重要的医学学府之一。二战后，正式更名为九州大学。校园的一隅，安静地矗立着一幢白色的小洋房，里面尘封了一段不愿被当地人谈起的70多年前的历史。

1945年，8名被俘美国飞行员被带到福冈九州帝国大学医学院，本以为大学的医生会为他们治疗，却没料到等待他们的却是一场毫无人性的活体实验。时任第一外科副教授的鸟巢太郎受命参与了当时的医学实验。

2019年，摄制组在日本大阪找到了鸟巢太郎的侄女，75岁的熊野以素，向我们揭开了这段不愿被人提起的往事。

熊野以素（鸟巢太郎侄女）：

1945年5月7日，石山教授提到要去给俘虏做手术。开始是为受伤的俘虏做手术，之后，教授说是为某些肺部有问题的俘虏进行肺部的摘除手术。于是，我的叔叔完全相信了他，以为自己是要为美军的飞行员做手术，治好他们，就参加了手术。但是小森军医在手术后的缝合时把已经缝好的线逐个剪开，这时候我的叔叔才意识到，原来是实验手术，并不是治疗人的手术，他整个人都愣住了。

熊野以素提到的石山福二郎，曾担任日本九州大学医学院第一外科第三代负责人。毕业后担任军医的小森卓在九州大学期间，曾受石山耳提面命，算得上入室弟子。这是根据参与手术的一名护士的证言所画的手术现场草图，指出手术现场的参与者和他们的位置，石山教授和小森军医在此次活体解剖实验中起主导作用。

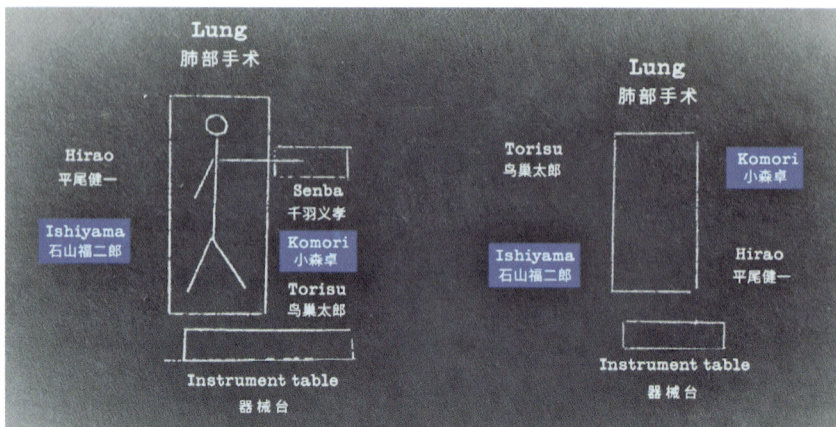

九州大学医学院活体解剖手术现场草图（摄制组摄于日本大阪）

　　为了让更多人知道这段历史，熊野以素花了一辈子的时间，去收集这段历史的相关资料。她从叔叔和婶婶那里获得大量资料，并查询美国以及日本档案馆里的历史记录，最终整理成《九州大学活体解剖事件》一书，揭露这起令人发指、针对美军受伤俘虏进行活体解剖的历史事件。

　　军医小森表示，要实施"宫城式胃部切除术"。在平尾及小森的协助下，石山将战俘的胃完整取出，然后将食道的断开部位连接缝合。手术进行得极为"完美"，整个过程中战俘依然保持生命体征。但因为左侧胃部动脉遭切断，流血不止。战俘的血管内被注射了大量海水，身体迅速衰弱。这时，石山边说"实施心脏复苏术"，边操起了手术刀。开胸后，他托起肋骨，用手在心膜上下揉搓，进行心脏复苏术。心脏开始跳动，但一旦停止复苏术，心脏就随之停止跳动。如此往复两三次后，石山接下来将暴露出来的心脏切开、缝合，然后对周围人说道："要像这样对心脏进行缝合。并不是非常难，诸君也来试试看。"于是，开始心脏手术的实验及练习。

短视频8：
被俘美国飞行员被实施活体解剖手术

石山教授将战俘的头盖骨打开,探查黑质所在,并向赶到手术室的平光教授询问三叉神经的基点位置,同时还询问道:"黑质的位置在哪边?"还活着的人的大脑就这样被石山抓在手中。

土屋贵志(大阪市立大学文学研究科副教授):

军队是不可以带着仇恨情绪去杀俘虏的,因为军队是一个公开的组织,当时国际上也明确地规定了处置战俘的方法,所以不能简单地直接处死。这时有位九州大学出身的军医就提出,与其这么杀死他们,不如把他们用在医学实验上。在九州大学进行人体实验的时候,军队的将领都过来参观了手术。

林博史(日本关东学院大学经济学部教授):

与其说是因为军队的命令而做了实验,不如说是九州大学医学部的有关人员使用俘虏,做了自己想做的实验。当然日本军队也有错,因为日本军队涉及其中,所以这是一桩不仅仅军方有责任,日本的医生、医学部也有责任的事件。这个问题也持续到了战后,这些医务人员并不受战争影响,战后也一直处于医学界的中心。这不仅仅是战中,也是战后日本社会一个很大的问题。

1945年12月,日本正式无条件投降3个多月后,美军在日本横滨设置了军事法庭,共审理了大约300多件案件,其中包括九州大学活体解剖事件。

熊野以素(鸟巢太郎侄女):

当时这个事件中与九州大学医学部有关的2名主犯已经身亡,小森卓死于爆炸,石山福二郎自杀,所以医学院方面2个主犯都已经死了,当然军方的主犯佐藤还活着。(我叔叔)鸟巢是年龄最大的助理教授,所以代替石山教授成了替罪羊。

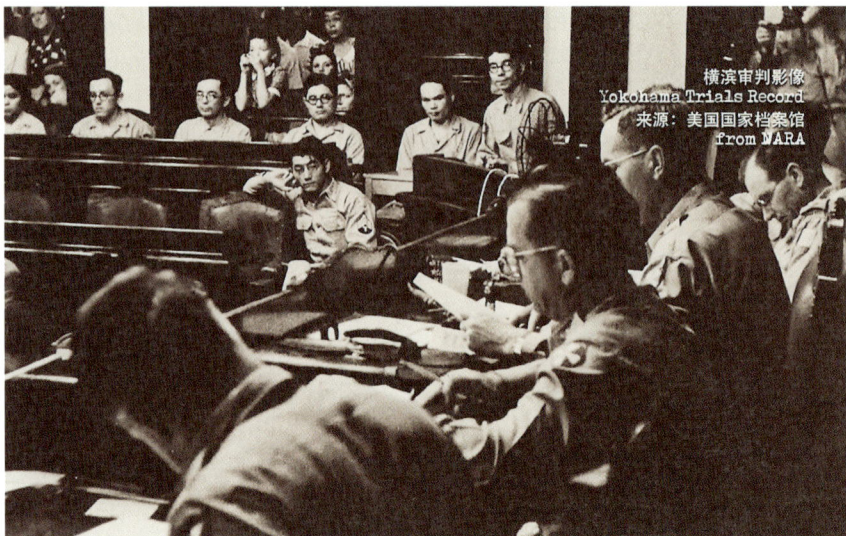

横滨审判影像
Yokohama Trials Record
来源：美国国家档案馆
from NARA

美军横滨法庭（美国国家档案馆提供）

　　在横滨法庭上，被告人横山勇中将、鸟巢太郎助理教授、平尾健一助理教授、森良雄讲师和平光吾一教授等接受审判，被控以活体解剖的方式杀死8名美军飞行员。

　　1950年，日本《朝日新闻》在头版头条刊登了美军横滨军事审判就活体解剖事件的一审判决结果，九州大学医学部鸟巢太郎、平尾健一、森良雄和军方的横山勇、佐藤吉直5人被判处绞刑。解剖学教室的平光吾一教授，被判处重体力劳动25年。

　　鸟巢太郎的妻子鸟巢蕗子在丈夫一审被判死刑后，仍然四处奔波，撰写再审判的请愿书，作为再审判的证词。美国横滨军事法庭根据蕗子的请愿书，结合多方证人证言以及新的证据，重新审理了该案件。

　　1950年9月12日，美国军事法庭重新宣判，鸟巢太郎由绞刑改判为10年监禁。从死刑变成了10年有期徒刑，鸟巢太郎并没有因此而感到太过高兴。其他服刑的战犯都提前出狱了，只有鸟巢太郎是唯一自己要求服满刑期的人，并在出狱那天要求在证明上写下刑满释放。

熊野以素和鸟巢太郎——熊野以素提供

熊野以素（鸟巢太郎侄女）：

我的叔叔被卷入战争罪行，他承认了自己作为加害者的罪行，接受了一审死刑判决。即便最后免于死刑，但还是怀着有罪的心理活了下来。承认事实、进行反思、赎罪，这三者是我认为的承担责任的一种方式。叔叔终生怀着有罪的愧疚活了下去。

在二战期间和战后，美国针对日本BC级战犯分别在上海、横滨、马尼拉、关岛和夸贾林岛建立了军事法庭，共审理了470多个案件，超过1 400名战犯受到审判。

短视频9：
美军横滨军事审判

林博史（日本关东学院大学经济学部教授）：

　　日本发动了侵略战争，犯下了许多战争罪行，而受到审判的只是其中的一部分人。将这些不人道的罪行作为战争犯罪进行处置，我认为有很大的意义。在此之前，战争中无论做多么残酷的事都不会受到处罚。这些审判开启了一个先例，不人道的罪行会受到处罚，具有十分重大的意义。审判战犯，这在人类消灭战争的征途上产生了不小的正面作用。

## ○ 亲历者后代的感悟

　　作为杜立特突袭者子女协会成员之一，苏珊希望今后能再次回到中国，探望救助她父亲的中国老百姓，并且能够在衢州的学校教学生们英语。

苏珊奥祖克在父亲的雕像面前（摄制组摄于中国江山）

苏珊·奥祖克（杜立特飞行员查尔斯·奥祖克之女）：

　　杜立特突袭者子女协会由80位杜立特飞行员的家属组成，他们的任务是缅怀过去、传承未来。他们在衢州的学校设立了奖学金,资助资金来自我们这些家属。

詹姆斯·布拉德利关于二战的书《飞行员》已经翻译成多国语言并出版,希望更多人能够了解那段历史的真相。

詹姆斯·布拉德利(畅销书《飞行员》作者):

当我是个孩子的时候,我的老师说我的父亲是一个英雄。我回到家告诉我父亲,但我父亲却说,真正的英雄永远留在了硫磺岛。

在日本竹田市B-29飞机坠落的地方,竖立着一块纪念碑。那里每年都会举办祭奠活动,告慰在此次事件中逝去的生命。

2015年,被尘封了70年的活体解剖事件被日本九州大学医学院公之于世。熊野以素的《九州大学活体解剖事件》中文译本已于2019年出版。

熊野以素(鸟巢太郎侄女):

我将叔叔的这种活法公之于众,也是我个人对那些对战争行为态度暧昧的势力的一种反抗,我怀着这样的想法写了这本书。日本在宪法第九条上写明了放弃战争权和军队武装,对此日本就应该彻底遵守。

作为唯一幸运逃过父岛吃人事件的美国飞行员,老布什回国后成为一名美国总统,他曾在1944年的一封家书中写道:

我希望我的孩子不需要再去参加任何战争。

**短视频 10:**
**二战亲历者后代的感悟**

# 揭开二战美军飞行员不为人知的经历

王　芳

2019年1月10日，我写了第一封信给詹姆斯·布拉德利，**他是畅销书《飞行员》和《父辈的旗帜》的作者，同样也是硫磺岛战役升旗手的儿子**。简单地介绍纪录片《亚太战争审判》的内容之后，我邀请他参与在关岛的纪录片拍摄。了解到他此时正在越南撰写自己的新书，我心里着实对这封信没抱太大希望。但万万没想到，当日下午就收到了他一句短短的回复："It would be my honor to participate in such an important historical endeavor!"（能参与这样一部重要的历史纪录片的拍摄，我深感荣幸！）虽只是一句话，却振奋人心。

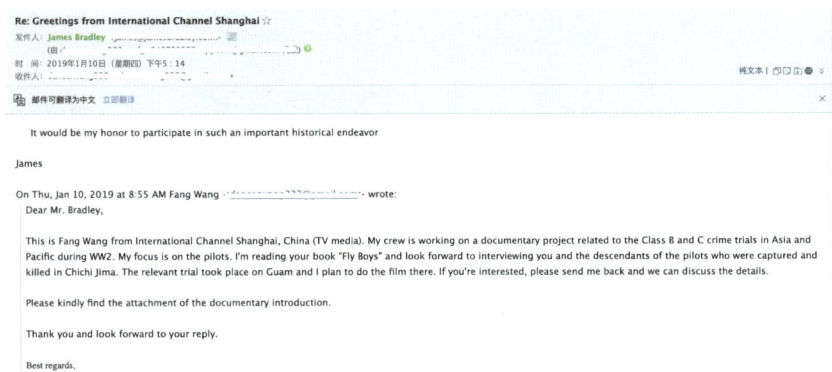

Re: Greetings from International Channel Shanghai ☆

发件人：James Bradley　（由　）　　　　　　　纯文本｜回｜回｜回｜　∨

时间：2019年1月10日（星期四）下午5:14

收件人：

邮件可翻译为中文　立即翻译　　　　　　　　　　　　　　　　　　　　✕

It would be my honor to participate in such an important historical endeavor

James

On Thu, Jan 10, 2019 at 8:55 AM Fang Wang ＜　　　222@gmail.com＞ wrote:
Dear Mr. Bradley,

This is Fang Wang from International Channel Shanghai, China (TV media). My crew is working on a documentary project related to the Class B and C crime trials in Asia and Pacific during WW2. My focus is on the pilots. I'm reading your book "Fly Boys" and look forward to interviewing you and the descendants of the pilots who were captured and killed in Chichi Jima. The relevant trial took place on Guam and I plan to do the film there. If you're interested, please send me back and we can discuss the details.

Please kindly find the attachment of the documentary introduction.

Thank you and look forward to your reply.

Best regards,

詹姆斯发给导演王芳的邮件

2019年3月30日，詹姆斯与摄制组登上关岛，我们一行人顶着烈日的炙烤，在深山野林里寻找锈迹斑斑的大炮和飞机残骸。

**当地的档案馆里保存了美军在关岛进行对日审判的庭审资料，其中的主要事件之一就是"父岛吃人事件"。**由于该事件没有任何视频或照片记录，法庭审判也只是短短几分钟的无声画面，它的庭审记录文件显得尤为珍贵。关岛上有小型飞机可以带游客环岛观光，

詹姆斯带领摄
制组在关岛探
访二战遗迹(摄
制组摄于关岛)

位于关岛的二
战时的大炮遗
迹(摄制组摄于
关岛)

为了能够获得类似当年美国飞行员的视角，我们决定在飞机上对詹姆斯进行一段采访。但仅有4个座位的飞机非常迷你，我们采用了两个GoPro和一台佳能5D照相机来进行拍摄。一个GoPro固定在座椅上，全程拍摄詹姆斯，另一个固定在机窗上，采集关岛航拍画面，摄像则在副驾驶的位子上，艰难地转身拍摄身后的嘉宾，且要避开紧挨着坐的导演。小飞机在低空飞行，受气流影响，颠簸得比较厉害。为了不让飞机颠簸影响画面，摄像在采访时需要尽量保持身体平衡，屏息确保镜头拍摄稳定，一分钟采访下来，摄像已经汗流浃背，气喘吁吁。

詹姆斯在飞机上接受摄制组采访（摄制组摄于关岛）

导演其实就在嘉宾旁边

如果说"吃人事件"是对逝者的亵渎，那么"活体解剖"就是对生者的凌辱。2015年，九州大学医学院历史馆公开尘封了70多年的秘密——活体解剖事件，引起全世界的剧烈反响。一些国内平面媒体和网络媒体进行了新闻报道，国内电视纪录片却不曾涉及。

既然决定要揭开这个事件的真面目，医学院历史馆就必拍不可。往来信件不下几十封，医学院方面反馈礼貌却并未给出肯定答复。

由于缺乏资料，仅有两本亲历者和后代撰写的书籍可供参考，其中仅一本熊野以素的《九州大学活体解剖事件》正被翻译成中文，却并未出版。举步维艰下，我决定找译者李立丰碰碰运气。李老师在了解原委之后，提前把未出版的译本发给我查阅，令我如获至宝。

**更令人兴奋的是，当时参与活体实验的人中，竟然还有一位活着**——93岁的东野利夫在日本福冈开了一家妇产科诊所。亲历者的采访可以再现历史，摄制组的激动之情难以言表，我发

九州大学医学院历史馆内对事件的介绍
（摄制组摄于日本九州）

熊野以素撰写的《九州大学活体解剖事件》中文版（李立丰提供）

出邮件并拜托在日朋友登门拜访，满心期待后却是漫长的等待。诚然，半途而废不是我的个性，没有明确拒绝就还有希望！

　　一方面，在九州大学医学院历史馆和东野利夫老先生那里继续软磨硬泡；另一方面，我们转而尝试寻找熊野以素，作为亲历者的侄女，她从叔叔和婶婶那里得到了大量的一手资料。也许是上天比较眷顾努力的人，非常幸运，我们的日本协拍认识熊野以素。我们通过协拍晓之以理，动之以情，经过不知多少次联络，一再表明我们想要还原历史的客观态度，以及向她提供详细的采访提纲。终于，功夫不负有心人，我们说服了熊野以素接受采访。这感觉就像是在坚硬的核桃上撬开了一个口子，接下来的事情就顺利许多。直到所有拍摄地点和采访任务得到确认，距我向日本发出的第一封邮件已经过了近半年的时间。

　　熊野以素是第一次接受中国电视媒体的采访，期间显得有些激动。她一整天侃侃而谈，还把自己收集的相关资料全部拿出来供我们拍摄。这些资料是非常珍贵的美国横滨军事法庭的庭审记录，详细地记载了那段黑暗历史。

熊野以素和叔叔鸟巢太郎（熊野以素提供）

摄制组在熊野以素家拍摄（摄制组摄于日本）

　　除此之外，我们还设法从日本国会图书馆借拍了一些相关资料，其中有人物照片和手术草图。

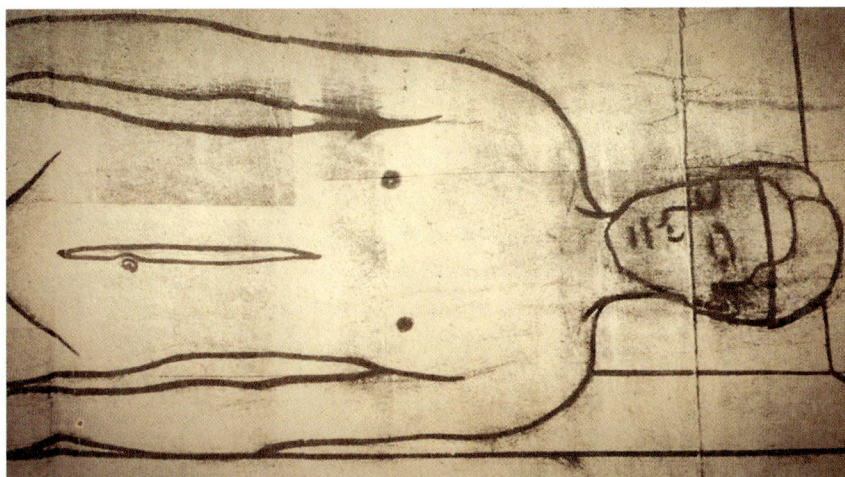
活体解剖手绘草图（日本国会图书馆提供）

导演王芳和日本协拍在研究庭审资料（摄制组摄于日本）

在九州大学医学院历史馆的拍摄过程中，虽然有 5 个日方工作人员全程监拍，但我们总算顺利进入内部进行拍摄。**这些拍摄内容和横滨法庭的庭审画面都将是第一次在国内的电视媒体上曝光。**

摄制组在九州大学医学院历史馆内拍摄（摄制组摄于日本九州）

万事皆顺，唯有一憾，93岁高龄的东野利夫由于身体欠佳、卧病不起，最终还是没能接受我们的采访。本集《生死飞越》涉及的内容异常敏感，**但我们并非怀着仇恨的心去揭秘，而是本着一颗热爱和平的心去还原历史**。将心比心，嘉宾在我们的镜头面前，也有所触动。日本关东学院大学教授林博史说"日本在二战期间犯下许多战争罪行"；B-29坠机见证者说"希望世界和平，没有战争"；熊野以素更是督促日本政府能够彻底遵守《和平宪法》第九条，放弃主动发起战争的权利。而当詹姆斯在采访中说道："The heroes were in Iwo Jima, died in Iwo Jima"（真正的英雄都留在了硫磺岛），我的眼泪止不住地流了下来，战争的残酷不言而喻。

B-29坠机见证者（摄制组摄于日本九州）

无论是詹姆斯·布拉德利的倾力协助，还是部分日本人的开诚布公，无不激励着我，让我深刻感受到纪录片《亚太战争审判》重要的历史和现实意义。**拂开落在历史上厚重的灰尘，我看见的是中日人民共同的希冀，全世界人民共同的祈愿——世界和平。**

# 第四章
# 魂断异乡

在南太平洋距离澳大利亚北岸一千多公里的海面上，散落着一组美丽的群岛，这就是大洋洲第二大国家巴布亚新几内亚。

时至今日，这里的很多地方依然是人迹罕至的秘境，到处是无人踏足的丛林和原始动人的珊瑚海。很难想象，这里曾是第二次世界大战太平洋海战的主战场之一，在清澈的海面下和茂密的热带雨林中，依旧可以寻找到70多年前激战后留下的痕迹。

更加鲜为人知的是，曾经有一批中国军民在这里，冒着盟军和日军激烈交战的炮火，度过了近3年屈辱艰辛的岁月。他们是谁？为什么会来到这里？他们是怎样从万里之遥的中国来到这里的？在这里他们的命运又如何呢？这是一段鲜为人知，又即将湮灭的历史。就让时间倒转，从70多年前的上海说起……

## ○ 四行仓库抗战

上海的苏州河畔，静静地矗立着一座弹痕累累的纪念馆，无声地诉说着70多年前中日淞沪会战中最著名的一场战役——四行仓库抗战。

1937年10月，在上海进行的淞沪会战已经进入尾声。对于中国而言，这场战役彻底粉碎了日本"三个月灭亡中国"的计划。3个月来，中国军队派出最精锐的中央教导总队、八十七师和八十八师等部队进入上海，以75万兵力对抗30万日军。但即便如此，中国军队在惨烈的战斗中死伤30余万人，为了保存实力，不得不向后方撤退。此时，上海北郊的大场镇已经失守。为了掩护中国军队退守到沪西，10月26

20世纪30年代的四行仓库（上海四行仓库抗战纪念馆提供）

日，八十八师五二四团一营在谢晋元的带领下坚守上海四行仓库。

谢继民是谢晋元将军的幼子，虽然他从未亲眼见过父亲，但那一段历史给他的人生留下了最深刻的烙印。

谢继民（谢晋元将军之子）：

10月26号，我们的大场防线被日军突破，当时还有50多万军队要向西向南撤退。八十八师师长孙元良，命令我父亲率领五二四团一营坚守上海四行仓库，他命令至少要坚守7天，一个礼拜。一个原因是掩护八十八师的主力撤退。另外一个是10月30号比利时首都有个九国公约会议，期间讨论日本侵华问题，要引起国际社会对中国抗战的支持。

此时的谢晋元和他的战士们是上海唯一一支守卫着国土的中国军队，他们成为名副其实的"四行孤军"。这400多名"四行孤军"，还将以"八百壮士"的称号名留青史。

谢继民（谢晋元将军之子）：

主要的原因就是我们的人数不能让敌人知道。如果知道我们就400多人，敌人会更加猖狂，因为有几千人包围着我们。在没有战斗以前，公共租界的英国军队的2个军官叫我们撤退，我们说不退，宁死不退。后来他就问，谁率领这支部队？我们说团附谢晋元，营长杨瑞符。问多少人，当时我父亲跟他说800人。通过英国军官的讲话，才把这个话传出去，有800人，"八百壮士"。

四行仓库保卫战是世界战争史上的一个传奇。苏州河的南岸以及四行仓库的东面，都是当时的公共租界，属英美势力范围。从四行仓库西面发起攻击的日军，怕误伤租界，不敢动用远程大炮，也不敢用飞机投弹。

来自世界各国的人士聚集在苏州河南岸，隔岸观看了这场战斗。当时供职于美国赫斯特新闻社的中国著名摄影记者王小亭，记录了激烈的作战场景：

**短视频1：**
四行仓库保卫战真实画面

四行仓库变成了上海最后的堡垒。在闸北的上空，飞扬着最后的中国国旗。这是一场震惊世界的自杀式战斗。不愿撤退的一群八十八军战士，要和强大的日军作战到底。这是现代战争中，被拍摄到的罕见一幕。

英勇奋战的中国官兵赢得了世界的尊敬，观战的人们都关注着这些将士们的命运。令人没有想到的是，他们中有一半人是从湖北刚刚来到上海的新兵。

谢继民（谢晋元将军之子）：

400多人的一营，有200多人都是湖北保安团的士兵。因为我们在这里（淞沪）打了接近2个半月，牺牲伤亡很大，补充过4次（兵源），至少是补充三分之一，最多是补充二分之一。最后的一次补充，9月底在湖北出发，10月10日在武汉汉口坐火车，通过陇海路到上海，到26号撤退进入仓库，整个的时间也就十几天。

来自湖北赤壁的田有收就是"八百壮士"中的一员。四行仓库抗战始终是田有收一生中最重要的回忆。

田银水（田有收之子）：

（我父亲）之前都没打过仗，等于他就是个新兵，那时候年轻，才20来岁。听他讲说是一栋三四层的钢筋混凝土洋楼。他负责在三楼，他们是机枪连的，在上面负责打他们的。

经过4天的激战，10月30日晚，国民党最高当局的撤退命令通过多种途径一再传达到仓库。谢晋元军令难违，只能撤退。他指挥部队经浙江路桥，进入租界，沿路受到民众夹道欢送。这次保卫战重新振奋了因淞沪会战而受挫的中国军民的士气。

这组珍贵的照片是"四行孤军"撤退时，由美联社摄影记者海岚·里昂近距离拍摄的。

一张张青涩的面孔上写着对未来的茫然，他们此时还不知道，命运对他们的考验才刚刚开始。

撤退中的"八百壮士"（海岚·里昂摄）

"八百壮士"余部撤退至租界（海岚·里昂摄）

短视频2：
撤退中的"八百壮士"

今天的静安区工人体育场在淞沪抗战时是一片荒地，位于胶州路和昌平路路口。"四行孤军"撤退之后，公共租界当局迫于日军压力，违背诺言，将"八百壮士"解除武装，关押在这里。上海市民称此为"孤军营"。

田有收在20世纪80年代留下的回忆录里写道："我们虽然解除了武装，仍过着严格的军事生活，每天清晨起床跑步，徒手进行军事操练。营内开设了文化课，一些大学主动派出教师为我们上文化课，文娱生活也很活跃，经常举行文艺晚会。"孤军营条件虽然艰苦，但在谢晋元的指挥下，将士们每天按教育、生产、体育三项事宜安排时间。

1941年4月24日，谢晋元被日伪收买的奸细刺杀，年仅37岁。此后，太平洋战争爆发，日军占领英美租界。"四行孤军"被日军转移到南京的江苏省第一监狱。1942年底,他们与其他1 500余名战俘和劳工从吴淞码头入海,一起坐上了不知目的地的"地狱航船"。

谢继民(谢晋元将军之子):

当时,大概是1942年12月的9号。他们从整个南京监狱抽出1 000个人,1 000个人中间有57个是"八百壮士",另外金华(的部队)有500个人,这1 500个人集中在上海乘坐轮船。坐轮船一直到大概第二年的2月份,船开得很慢,大约40几天后到了巴布亚新几内亚。

"地狱航船"有着"海上活棺材"之称,田有收在回忆录中写道:"所有的中国人都被关在底舱。经过赤道线时,天气炎热难当,口渴难忍,因受不了轮船上的折磨,病死不少人,天天看见死尸被扔进大海。"

在位于北京的中国人民抗日战争纪念馆里,摄制组找到一段拍摄于2001年的影像资料。1941年,年仅29岁的施方舟在家乡江苏盛泽被日军抓走,也被送往巴布亚新几内亚做劳工。

施方舟(幸存劳工):

(淡)水都没有(因为太平洋封锁了),只有在厨房的锅里有淡水。有一个人拿一个大瓶子到(锅里)偷水,被岗哨看见,逼着他走到船边,一枪挑到海里,这个人就死了。

当时和他一起被抓走的120位同乡,最后幸存的只剩下他一人。采访拍摄完成的第二年,89岁高龄的施方舟先生就去世了。

短视频3:
幸存劳工实录

除了上海出发的1 500多名军民，还有1 500余名中国劳工，从广东的黄埔码头出发，驶向未知的目的地。在海上漂泊数月后，最终抵达巴布亚新几内亚的新不列颠岛。那时他们都不知道将经受怎样的生死考验。

○ *海外劳工岁月*

拉包尔是巴布亚新几内亚新不列颠省的首府，这有条件优越的深水良港，曾经是南太平洋重要的物资中转站。1937年，一场剧烈的火山喷发，裹挟着上百万吨的火山灰摧毁了这个美丽的城市。

重建工作还没有结束，这里又被另一个灾难颠覆。1942年1月，第二次世界大战太平洋战役爆发不久，日军击败了长期管理巴布亚新几内亚的澳大利亚军队，占领了拉包尔。这里成为日军进攻澳大利亚的前哨。日本陆军第八方面军司令部和海军东南方面舰队司令部均驻扎于此。

70多年前，在拉包尔的中国军民究竟经历了什么？粟明鲜是澳大利亚格里菲斯大学的历史学博士，研究海外华人历史，他曾把中国军民二战时在巴布亚新几内亚的遭遇写成《南太平洋祭》一书。这次他再次来到巴布亚新几内亚。

在火山和地震频发的拉包尔，幽深曲折的隧道工事历经70多年依然坚固，是最吸引游人的二战遗迹。为躲避盟军日复一日的空袭，日军征用来自中国、印度、印度尼西亚等国的近万名战俘、劳工以及当地平民和华侨，在这里修建了世界上最大的隧道系统，总长度超过500公里。日本船坞的山洞是战俘们在二战期间修建的，日军在这里停放登陆舰，运载部队、装备，在附近岛屿巡逻。洞全长大约200米，停放了5艘登陆舰。当（日军）要用这些艇的时候，大约需要300人，他们会排成一队，用浮桥把船拉到距离500米处的海上。

巴布亚新几内亚的拉包尔港口（摄制组摄于巴布亚新几内亚）

短视频4：
巴布亚新几内亚二战遗迹探秘：日军船坞

　　田有收的回忆录中有描述在拉包尔不堪回首的苦工生涯。他和其他11名"四行孤军"一起被编入"中国军人勤劳队"。这个队共有160名战俘，最终幸存下来的只有38人。"在'勤劳队'服苦役的日子里，我们简直过着非人的生活，劳动十分繁重，生活极其艰苦，天不亮起床上工，天黑下工，一天要干10多个小时的笨重劳动，如挖防空壕、修公路、砍伐树木、搬运石头等。"四行抗战"八百壮士"的身份，是支持他活下去的最大信念，即使在拉包尔最艰难的岁月他都好好保护着自己的"谢晋元纪念章"。

　　田银水（田有收之子）：

　　　　那个纪念章上，还有一个洞。它（是）铜质的，他（我父亲）钻了一个洞，在（巴布亚）新几内亚（钻）的。那个时候在岛上，

田有收保存的"谢晋元纪念章"（摄制组摄于中国湖北）

因为靠近海边、水边,（所以）把这个系在身上,怕掉了。他（我父亲）那时候说,这是他们团长的一个纪念章。作为团长手下的兵,团长不在了,它成为一种纪念。

在拉包尔的两年中,田有收所在小队的队长名叫季纳贤,是一名国民党少校军官,对待他们十分和善。田有收直至去世也不知道,季纳贤的真名叫李维恂。2009年,经过多方探寻,粟明鲜博士在高雄采访到李维恂,并把这段经历写进《南太平洋祭》一书。李维恂当时已经年逾90,他在访谈中不止一次提道:"我是大时代狂风中的一片落叶。只有你们,才发现这片落叶仍然有价值。"

和日本军人周旋的那段经历,是李维恂老人最深刻的记忆。

李权宪（李维恂之子）:

我听我爸讲过非常多次,甚至跟孙子也讲过。他在从事情报工作的时候,在上海被日本宪兵队抓到了,被抓到宪兵队里面当然是刑囚,他说什么老虎凳什么灌水,非常恐怖。你不满意的话他就给过肩摔,我爸讲摔得是昏天黑地的,你连叫的力气都没有。

李维恂侥幸逃过死刑，但是却被送到环境异常艰苦的孤岛做劳工。地处热带的拉包尔气候炎热，疟疾等热带病横行。除了战斗中的受伤，在战时对生命的威胁更多来自严峻的自然条件和医药的短缺。日军驱使劳工在拉包尔开挖了规模巨大的地下工事，作为战时的医院。走一圈约400米，一共5层。第二层是日军放枪的地方。为了通风，一共有15个出入口。

短视频5：
巴布亚新几内亚二战遗迹探秘：
日军地下医院

地下医院虽然潮湿闷热，生病的日本军人姑且能得到救治。开挖医院的战俘劳工们一旦得病，等待他们的只有听天由命。

李权宪（李维恂之子）：

医药方面比较匮乏，我印象里面，我爸（曾说）如果得了像是马拉力（疟疾），药品上面没有供应的话，大概只有不妙了。

在拉包尔，病倒的战俘不仅无法得到医治，还将面临更加悲惨的命运。驻扎拉包尔的日军第八方面军广田明少将曾下令，凡战俘生病3日以上而无法继续工作者，一律被处死。在卡拉威亚中国战俘的营地里，有一个斩首池。

当地向导：

这里就是（日军）处决战俘的地方。原来是一个井，后来被改成处决战俘的地方。通常他们把战俘带来这儿，把他们的头放在这里，把脖子砍断。头掉下去，身体留下来，然后他们就把尸体扔在海滩上。70年了，现在可以看到，里面都是垃圾和火山

斩首池(摄制组摄于巴布亚新几内亚)

灰。日本人在很多战俘面前这么干,他们让战俘们看着。如果不听话,就会被这么处决。

**短视频6:**
巴布亚新几内亚二战遗迹探秘:斩首池

　　巴布亚新几内亚在二战前曾先后归属德国、英国和澳大利亚管理。19世纪下半叶开始,来自广东的华侨陆续移民到当地,和当地土著人、澳大利亚人和谐相处,他们凭着自己的勤劳努力,打下了一片天地,生活安定美好。太平洋战争爆发前,华人侨民人数曾达1 000多人,拉包尔就是他们最大的聚居地。

　　然而,日军的到来摧毁了他们平静的生活,当地华人全部被俘获,送入集中营。今年75岁的刘约翰先生是第二代华人移民,也是一名成功的商人。当年他出生在距离拉包尔15英里的拉坦戈集中营的防空隧道里。

刘约翰（巴布亚新几内亚华侨）：

　　1944年11月11日，我就出生在这里。这个隧道有3个出口，万一有一个垮塌了，还能从其他几个出去。我们不在里面生活，我们在外面生活。如果有空袭，我们就跑到这个洞里。日本人让我们住在这里，因为这里有一条小溪，现在还在。当时有大约800个中国人。这里、那里都是我们住的隧道，现在都被埋在草里了。我们只能用木棒、竹竿来挖洞，没有任何工具。这里是放煤油炉的地方，这是我们的光源。这是一个44加仑的油桶，切割以后来做炉子。（下午）3点以后就不能做饭了，我们不能在防空洞里生火。

**短视频7：**
**巴布亚新几内亚二战遗迹探秘：华人集中营**

　　曾经两次出任巴布亚新几内亚总理的陈仲民爵士，父亲来自广东台山。二战前，他们一家居住在毗邻拉包尔的新爱尔兰岛上。因为华人血统，他们一家也被日军关入集中营，备受折磨。他刚出生的弟弟也在空袭的惊吓中死去。

陈仲民爵士（巴布亚新几内亚前总理）：

　　我们被送往那玛特耐（集中营），我父亲的待遇就像战俘，因为他（肤色）不一样，他是中国人。（我爸爸）他们的待遇非常差，比如我叔叔，就受了水刑。水刑就是强迫你喝水，迫使你说出秘密。但是他没有秘密，他们没有和澳大利亚人或者美国人合作。

　　太平洋战争初期，日本海陆军在偷袭珍珠港成功后取得先机，短短半年时间内就攻占下了大半个太平洋。1942年年中，日军在中途岛和瓜达尔卡纳尔岛两个战场上连连失利，太平洋战争的局面完全扭转。

位于拉包尔的隐蔽所是日本联合舰队的最高统帅、海军大将山本五十六的地下指挥部。屋顶上的地图，70多年后依然清晰可见，仿佛透射出指挥珍珠港奇袭的名将的野心。1943年4月18日，山本五十六从拉包尔起飞巡视前线，很快就被预先得知情报的美军击落。驻守在拉包尔的日军，他们的命运也开始不可逆转地下滑。

今日的拉包尔只有1万多居民，以简单的农业和旅游业为生。这里的街道和市场，还能依稀看到70多年前的轮廓。

1943年，驻扎在这里的日军最多时达11万人，成为日本在南太平洋上最坚固的堡垒。面对这样一块难啃的"骨头"，盟军统帅麦克阿瑟和尼米兹在巴布亚新几内亚战役中，放弃逐步推进，取而代之以全新的"蛙跳"战术，即放弃进攻重兵把守的拉包尔，而是切断它的供给，转而进攻较远的目标。1943年6月至1944年9月间，盟军在新几内亚岛海岸成功实施十几次两栖登陆，目标直指菲律宾。

这项战术效果显著。在盟军日复一日的空袭下，拉包尔的日军缺乏补给，无力反击，只能龟缩在地下的防御设施里，成为"瓮中之鳖"，直至1945年8月15日，日本宣布投降的那一天。

9月10日，澳军的先头部队终于在拉包尔登陆。中国战俘、劳工和华侨终于盼来期待已久的解放。

○ 澳大利亚审判

在澳大利亚首都堪培拉的市中心坐落着一座宏伟的建筑。这是澳大利亚为纪念在多次战役中牺牲的澳大利亚人而建立的战争纪念馆，这里保存着数量巨大的战争档案。

这张照片就是1945年9月，中国战俘在巴布亚新几内亚迎接澳军时的留影。照片中的3名中国军人，就是因坚守四行仓库而闻名的"八百壮士"。近8年的战俘生活，并没有磨灭他们的意志。

一个月后，经历九死一生的700多名中国官兵，在最高长官吴椒中校的带领下,组织军容整齐的阅兵式,澳大利亚军方代表伊德少将也参加了这次庆典。这些中国军人尽管战败被俘,历经折磨,但民族气节犹存,军容士气犹在!

短视频8:
重获自由的中国军人

　　在巴布亚新几内亚首都莫尔兹比港的国家博物馆里,一组草棚坐落在茵茵绿草之上。这种传统样式的草棚,直至今日在巴布亚新几内亚还是随处可见。1945年到1951年的6年间,澳大利亚军方一共进行了约300场对日BC级战犯的审判,其中259场就是在这样的小茅屋中,在巴布亚新几内亚各地进行。在澳大利亚审判的法庭上,受害人的国籍十分广泛,有128宗暴行与中国人、印度尼西亚人及南太平洋岛民相关。

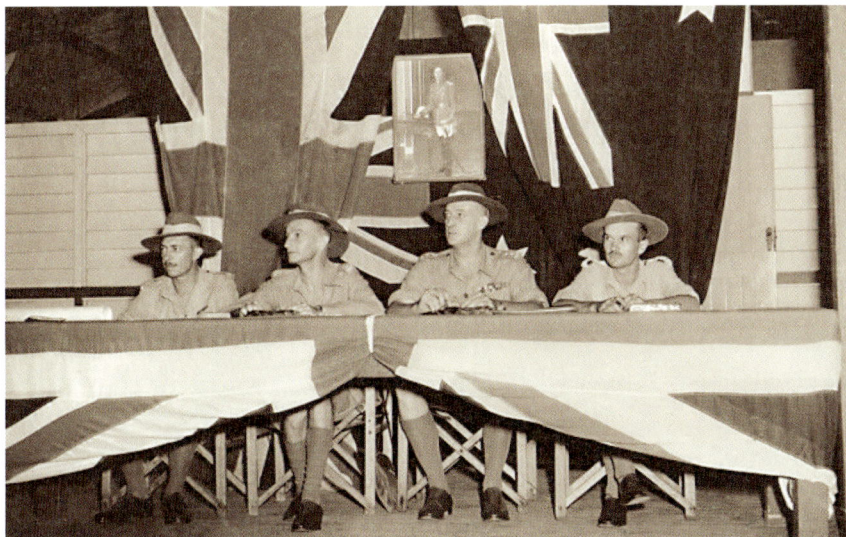

澳大利亚BC级审判(澳大利亚战争纪念馆提供)

重获自由的中国官兵积极参与战争审判，指证许多战时穷凶极恶的日本军人。已经95岁高龄的麦添强先生，战后曾为澳大利亚军方担任翻译，帮助采集证据。

麦添强（前澳大利亚军事法庭翻译）：

> 每天早上，卡车载着日本战俘去工作。澳大利亚军方让他们工作，中国军人站在路边，看着日军经过。如果他们发现战时曾经虐待过他们的日本军人，他们就会跳上卡车，把日本人拖下来。

澳大利亚BC级审判的案卷现今存放在澳大利亚战争纪念馆和国家档案馆中。在渺如烟海的资料中，摄制组发现一个熟悉的名字——李维恂，他曾为两起虐杀中国战俘的案件作证。"1943年1月29日，我见到了我刚刚提到的10名中国士兵，他们的身体非常差。中国战俘被扔进坑里。他们（日本兵）用枪射杀了他们。"2月4日，同样的暴行再次上演。最终，两起惨剧的罪魁祸首、下士相泽治索被判处无期徒刑。

盟军的空袭和巴布亚新几内亚严苛的环境还滋生了一种最令人毛骨悚然的罪行。在澳大利亚审判中，第一批被宣判的案件中就有一桩吃人案。澳大利亚审判是BC级审判中唯一给吃人罪定罪的法庭。日军中尉田崎武彦被指控吃澳大利亚军人的尸体，一审被判处绞刑，最终改判5年苦役。在巴布亚新几内亚战场上，战俘常常成为饥饿的日本军人的"储备粮"。

乔治娜·菲兹派屈克［《澳大利亚战争罪行审判（1945—1951）》作者］：

> 他是犯下吃人罪行的日本士兵的一个代表。因为这是一个很难定罪的罪行，特别是定罪到个人。如果不是他自己认罪，是很难把他绳之以法的。

田中利幸（广岛市立大学广岛和平研究所教授）：

　　我发现很多案件实际上都是团体行动。比如，一个军团的战士们到前线和澳大利亚军人作战，他们把死去的敌人尸体拖到自己这边，尽可能快地分解吃了，然后就逃跑了，这是非常有组织性的罪行。

　　澳大利亚审判中，共有6场审判是关于吃人罪的。标记为拉包尔R16的一场审判中，一位中国士兵突然失踪，他的战友，一名为日军担任厨师的中国士兵作证，2名被告突然吃上了肉，那个时候在当地并没有肉可以食用。最终2名被告的罪名都没有成立。证据不足给吃人罪的定罪造成了巨大困难。

田中利幸（广岛市立大学广岛和平研究所教授）：

　　在巴布亚新几内亚战场上，集体作案的吃人行为是一个普遍的问题。问题是，澳大利亚士兵发现了吃人后的残骸。但怎样证明这些罪行呢？日本军人的罪行很难被证明。你知道这些罪行确实发生了。但到底是哪个部队？哪个团？没人知道。因为他们都逃走了。

　　根据当时的媒体报道，中国官兵缺乏翻译，导致至少有120名日军嫌疑人无法被指证。尽管如此，在当地华侨的帮助下，中国官兵还是留下了许多证词，为正义的伸张尽了最大努力。

粟明鲜（澳大利亚历史学者，《南太平洋祭》作者）：

　　因为这是上至将军下至士兵所犯下的罪行，都白纸黑字地记录下来，而且由他们自己签名。被审判者签名承认他所说的，因为每一份证词的开头都说："我证明我所说的都是真实的。"包括最高司令官今村均大将，到下面的军曹，每个人都是这样。

乔治娜·菲兹派屈克[《澳大利亚战争罪行审判（1945—1951）》作者]：

> 实际上，在大约300个案件中，我想可能最多只有10件是有点疑问。总的来说，审判是相当公正的。

二战结束后的世界百废待兴，为了安排运送中国军民回国的船只，中澳两国政府反复商议。直到1946年12月21日下午，第一批共计1 141名中国军民搭乘瑞内拉号，离开了拉包尔的辛普森港，经香港返回上海。剩下的中国军民直至第二年的8月，才搭乘诺曼河号回到香港。

湖北赤壁位于湘鄂赣三省交界处，"八百壮士"田有收的家乡就在这里。他从巴布亚新几内亚返回中国后，就一直居住于此，直到生命的终点。1998年8月18日，田有收去世。

**短视频9：**
**巴布亚新几内亚军人遗骨寻踪**

为牺牲在巴布亚新几内亚的同胞修建纪念碑，一直是李维恂老人归国后的心愿。1967年，辗转定居在台湾的他写下了"陈情书"。

李权宪（李维恂之子）：

> 在拉包尔殉难官兵之遭遇比殉难华侨更惨，其骸骨也散葬荒野。同时被日军送去做工的印度官兵早已建有规模之公墓，试建国军官兵忠烈碑用慰忠魂，并示公允。

直至2009年，巴布亚新几内亚殉难官兵的牌位终于安置在安厝台北圆山忠烈祠内。

李权宪（李维恂之子）：

我父亲想给在巴布亚新几内亚壮烈牺牲的弟兄们一个归宿。我们李家的家训，每年后人都一定要来祭拜，这个传统我们会继续下去的。

前往巴布亚新几内亚的57名"八百壮士"中，最终有34人回到上海，在码头上迎接他们的乐队奏起《歌八百壮士》。"中国不会亡，你看那民族英雄谢团长。"

为纪念世界反法西斯战争胜利70周年，2015年上海四行仓库抗战纪念馆正式对外开放。馆内搜集到的包括实物、报纸、档案、照片、期刊、书籍在内的文献资料共计1 668份，其中不乏民间收藏家的热心提供。

谢继民（谢晋元将军之子）：

57个人后来幸存下来有36个人，36个人中间有一位生肺病，还有一位因为长期在外面做苦力，非常艰苦，精神失常，所以留在澳军的医院里没有回来。回来34个人。

粟明鲜（澳大利亚历史学者，《南太平洋祭》作者）：

无论他们来自国民党军队的任何部门，包括游击部队，包括共产党领导的新四军，还有游击队，甚至是乡自卫队的人员，他们都是抗日战争中为国奋斗、为国捐躯的一份子。无论他们在什么地方，都应该值得我们尊重。

短视频10：
"八百壮士"归处

1 500多名中国战俘,1 500多名中国广东劳工,在新不列颠岛近3年的颠沛流离之后,只有不到一半的人幸存下来。在拉包尔的塔乌鲁火山脚下,有一座广东劳工纪念公墓。厚厚的火山灰下,静卧着在拉包尔死去的广东劳工。但几百位中国军人,他们又埋骨何方?

拉包尔郊外的碧塔帕卡战争公墓,埋葬着648位在两次世界大战中去世的军人。粟明鲜博士对中国烈士的归葬之处追查多年,他认为这里是最有可能的所在。

硝烟散去,斯人已逝,英雄长眠于此。巴布亚新几内亚的密林留下了他们行走于此的痕迹,南太平洋的海浪声似乎在诉说着他们的过去。时光不会停止流逝,但这段鲜为人知的历史再也不会褪色。

# 一个关于"八百壮士"的真实故事

俞 洁

　　电影《八佰》上映，我第一时间满怀期待前往影院。但观影结束，我更多感到的是遗憾。或许因为我是一名纪录片导演，我拍摄的影片又正好和"八百壮士"有关。电影情节与历史真实的偏差，以及片中部分虚构的情节，令人出戏。用一句玩笑话来形容，那就是"我知道的太多了"。

　　**电影《八佰》结束于"四行孤军"突破日军防线，撤退进入租界的那一刻，而本集《魂断异乡》，讲述的正是发生在此后的故事**。在我看来，四行仓库保卫战绝不仅仅是一场豪情四溢的悲壮战斗，"八百壮士"是那段压抑的历史中苦难的中国人民的缩影。"八百壮士"和谢晋元将军并没有全部牺牲在对敌的战场上，在那4天的高光

导演俞洁与谢晋元将军之子谢继民、历史学者粟明鲜（摄制组摄于中国上海）

时刻之后，伴随他们的是长久的磨难和无声无息的湮灭。他们中的许多人，不要说一张照片，就连一个真实的姓名、一个最终的埋骨所在都不为人知。

这集片子能够呈现出今天的面貌，记录下这段历史可以说是"天意"。最初我希望拍摄二战后澳大利亚对日本战犯的审判，但在抽丝剥茧的调查之后，竟然发现"八百壮士"中有57人和其他1 000多名来自江浙的中国战俘和平民身在其中。他们留下了大量的证词和记录，以及战后在拉包尔生活的影像，至今依然保存在澳大利亚的战争纪念馆和档案馆里。

因为这次的拍摄，我前往了巴布亚新几内亚——一个至今都不那么为人所熟悉的南太平洋岛国，其中的经历可以说是我职业生涯中最曲折离奇的一次。

导演俞洁在巴布亚新几内亚潜水拍摄二战飞机残骸

这个热带国家至今没有高速公路，土路上大坑连着小坑，到处是茂密的热带丛林，还有各种蚊蝇，拍摄途中摄制组还差点遭遇打劫。在21世纪的今天，我们还遇到这么多的困难，很难想象，70多年前战俘们是怎样捱过那3年的。

摄制组在拉包尔拍摄战时修建的隧道

摄制组和当地民众

田有收是少数几位从巴布亚新几内亚返回的"八百壮士"之一。我们在湖北采访了他的家人,至今他们还保存着田有收的"谢晋元纪念章"。**"谢晋元纪念章"是在孤军营期间,战士们为了纪念遇刺的谢团长而制的。**这枚珍贵的纪念章上有一个洞,是田有收在巴布亚新几内亚时为了防止遗失而钻的。

隧道中日军实施手术的区域(摄制组摄于巴布亚新几内亚)

更令人意想不到的是,100多年前就有一批华人来到了巴布亚新几内亚,他们在这里生根发芽,成为这个国家中举足轻重的力量。二战结束后,华侨们还为中国军人做翻译,帮助他们指证日本战犯,参与澳大利亚审判。我们采访到了两次出任巴布亚新几内亚总理的陈仲民爵士,他是巴布亚新几内亚"国父"级的人物。二战期间,他们一家人也被日军关押在集中营里,就因为他的父亲来自中国广东。

专访巴布亚新几内亚前总理陈仲民爵士（摄制组摄于巴布亚新几内亚）

　　在70多年前的那场战争中，中华儿女无论身在何方，都表现出了无比的团结和坚韧不屈。他们的牺牲，无论在何地何时发生，都不应被我们忘记。**希望这部纪录片能让他们的故事为更多人所知，让烈士们的英魂在九泉之下更好安眠。**

# 第五章
# 万劫难归

新加坡市中心的美芝路上，矗立着一座70米高的石碑，纪念日本占领时期死难的新加坡人民。石碑由4根锥形的白色石柱组成，象征着新加坡这一多民族国家曾经担负的苦难，其中一根石柱代表新加坡最大的族群华裔在二战期间的死难。

有着50多年历史的纪念碑中心有一个约1米高的大缸，当年，死难者骸骨就装在大缸里被运到这里，足足装了681缸。

这段录音是屠杀幸存者严炎宏生前录制的一段回忆：

当我回过头去望向海岸，大约离岸600英尺的地方，我听到一声口哨声，机枪开始扫射。我深吸一口气，躲进水里。我可以听到子弹从我头顶穿过的声音。过了一会儿，一切都安静了。

新加坡和平纪念碑中心的骸骨缸（摄制组摄于新加坡）

那么,到底是一场怎样的劫难,让新加坡数以万计的华侨一去不归? 他们又为什么会成为二战中日军大规模、有计划的屠杀对象?

## ○ 纪念碑下的万人尸骨

今天的新加坡,是亚洲最有活力的国家之一,是国际金融中心,也是一个由华裔、马来裔、印度裔和欧亚裔共同组合的多元文化的移民国家。其中,华人占新加坡居民人口的74.1%,是新加坡人口当中最大的族群。

胡振华和妻子祝秀华是新加坡华人。胡振华今年82岁,他有一个特殊的身份——曾任新加坡中华总商会的挖骨总管。对于新加坡的过去,他大部分的记忆都与众多老照片有关。当年,他曾亲手将埋葬于乱葬坑和海滩边的华人尸骨一寸一寸地挖出来。

肃清大屠杀遇难者骸骨挖掘(胡振华提供)

胡振华(中华总商会前挖骨总管):

这个地方是尸体最多的地方,一卡车,一卡车。我们所发现的总的有十七八个地方。有些在树胶园,有些在海边,有些在山上，但是其中这个地方居多。据他们（中华总商会）的估计，在这边是上万人的尸体。

胡老先生所说的曾经发现近万人尸骨的地方，位于新加坡东部勿洛的惹兰赔本。从1961年开始，新加坡各地相继发现乱木丛和海滩边埋葬着一些死者的遗骸，当年25岁的胡振华发现惹兰培本一带有许多尸骨。由于不忍心看着这些骸骨被遗弃在荒郊野外，他便自告奋勇干起挖骨的工作，一挖就挖了将近6年，挖到的骸骨不下数万具。

胡振华（中华总商会前挖骨总管）：

我们去别人的家中（了解遇难情况），有些家中有人被（日军）打死的家属就来报告说，她的丈夫被打死在哪里，我们就派工人（拿）锄头去试探。当时我们做了以后，稍微有一点经验，每一次泥土挖下去，如果泥土混合起来，就证明这个地方有（尸体）。挖出来都是黑黑的，我们就用消毒药水洗，洗了干了后再放在缸里面。根本不知道谁是谁，只是有骨头就放到满，单单那个地方就有200多个缸。

除了惹兰培本之外，在新加坡的海边、山上、树胶园和医院等地，共计有34处地点被挖出数量不等的骸骨，光是胡振华参与的挖骨点就有12处。1米高的缸，足足装了681缸。

胡振华（中华总商会前挖骨总管）：

我当时才七八岁，周围一些邻居讲，一个卡车里面大概有30多人。那30多人下来了，就全部绑起来，站在坑那边。日本人就开始扫射，扫射后人一批一批倒下，倒在这个沟。早上8点多一直打到晚上七八点，他们估计当时进来最少有30多辆卡车，扫射一天就射死很多人。

**短视频1：**
新加坡中华总商会前挖骨总管回忆
60年前挖掘万人尸骨

挖骨工作进行6年后，胡振华亲手将这681缸骸骨运送到位于美芝路上的和平纪念碑脚下。这些数量如此巨大的遗骸究竟是谁留下的？背后又隐藏了一场场怎样的生死浩劫？

## ○ 681缸骸骨背后的肃清大屠杀

在新加坡的武吉知马路上，坐落着一座灰白色的建筑，最初是美国福特汽车公司在东南亚开设的第一间汽车装配厂，如今被改造成一个博物馆。

1942年2月15日，恰逢华人新年，日军入侵马来半岛2个多月后，驻守新加坡的英国海峡殖民政府向日本投降。英国驻马来亚（今马来西亚）总司令白思华就是在当时福特汽车公司的这间房间里，与日军将领山下奉文签署对日投降书，正式将新加坡的主权交给日本。原为英国殖民地的新加坡就此沦陷，被改名为"昭南"，意为"南方之岛"，开始了三年零六个月的日占时期。

日军占领新加坡仅3天后，便开始对新加坡进行扫荡，时任日本第二十五军司令官的山下奉文与其参谋长一起策划对新加坡华人的"肃清行动"，要求全岛日军3天内把"敌对人员"肃清。

凯文·布莱克本（新加坡南洋理工大学历史系教授）：

> 新加坡投降后，山下奉文立即采取他在中国使用的同样战略。针对华人种族，利用各种手段震慑，其中就包括肃清大屠杀。屠杀的主要目标包括为中国提供财力支持的华人，在新加坡抗日民兵团服务的人员，以及志愿为英国军队提供协助的人士等。

2月18日，日军出示一份布告，要求所有新加坡18岁至50岁华人男子到"检证中心"集中以领取"良民证"。但是到达集中地点后，等待他们的却是被指认是否是所谓的"反日分子"。

短视频2：
日军占领新加坡3天后，山下奉文及其参谋长策划肃清行动

罗荣基（新中友好协会董事）：

日本人进来就检证，把我爸爸带去了，什么时候我们都不知道。用卡车送到一个集中的地方，全部要下车，就由他来指点，你站这边，你站这边。如果不被杀的人，就盖一个"检"字，"检查"的"检"。

新加坡人罗荣基，今年76岁，他是新中友好协会董事。1942年年初，一早出门工作的父亲再也没有回到家，找遍全新加坡，也没有找到关于父亲的任何线索，至今都没有找到尸骨。那时，罗荣基还只是一个月大的婴儿。

罗荣基（新中友好协会董事）：

爸爸是一个受过很高教育的人，我在他的证书里面看到他有高等会计文凭。从来没有看到几眼父亲，这个是最后的纪念。我的爸爸，你看到他这个样子，整个就是一个文人。他怎么和人家打架、相骂呢？他不像这种人。

这是罗荣基父亲生前最后一张照片，他手里怀抱的是罗荣基的二姐。那年，他只有30岁出头。

罗荣基（新中友好协会董事）：

　　那个时候日本人那么凶恶，怎么样去反抗呢？我们不是战斗的人，我们是平民。不幸运的，就没有"检"字，以为有另外一条路走，原来那条路是死路。日本人给的死路，就是很痛苦，含泪过生活。

像罗荣基父亲这样的无辜受害者还有很多，根据新加坡国家图书馆的统计，肃清大屠杀中至少有超过5万华人被日军杀害。

罗荣基父亲生前照片（罗荣基提供）

华人为什么会成为日军"肃清"的目标？

**短视频 3：**
新加坡华人罗荣基回忆父亲惨遭日军"检证"后被屠杀的心酸往事

林少彬（新加坡日本文化协会原副会长）：

　　（我）找到了一份非常机密的华侨对策。在（1942年）2月14号，当时山下奉文还在跟英军对峙，并不知道第二天2月15号，新加坡会沦陷。但是，日本政府已经做出决定。他说，你们可以适宜地施加压力，把华侨的势力控制住。因为到这一天为止，东南亚的华侨都在新加坡华侨领袖的号召之下出钱出力抗日，弄得日军对他们非常反感。所以他写得很清楚，占领之后的行动，它的主要目的就是切断东南亚的华人跟中国本土的经济关系。

新加坡华裔林少彬曾是新加坡日本文化协会的副会长，精通日语的他对肃清屠杀的深入研究已经有20多年，曾出版《日本人眼里的新加坡》《检证大屠杀是谁干的》等著述。近几年，他奔走于日本国立公文书馆，挖掘日军有计划地大规模屠杀华侨的珍贵史料。

在林少彬所找到的日军第五师团第十一联队第七中队的《阵中日记》中，显示日军所要肃清的"抗日分子"大多是和罗荣基父亲一样手无寸铁的平民。

林少彬（新加坡日本文化协会原副会长）：

这一行就是3月15号的日记。在3月15号晚上，他们回到营里面。他做了一个点算，一共有93名兵员。第二天早上出来找到了一个"支那人"部落，就是中国人的村庄，他杀了156个人。晚上，他回到自己的兵营，他数了一数，还是93个人。你继续看第二天17号晚上回到兵营，还是93个人。因此，我们可以说他93个武装部队出去打的是完全没有武装的人。

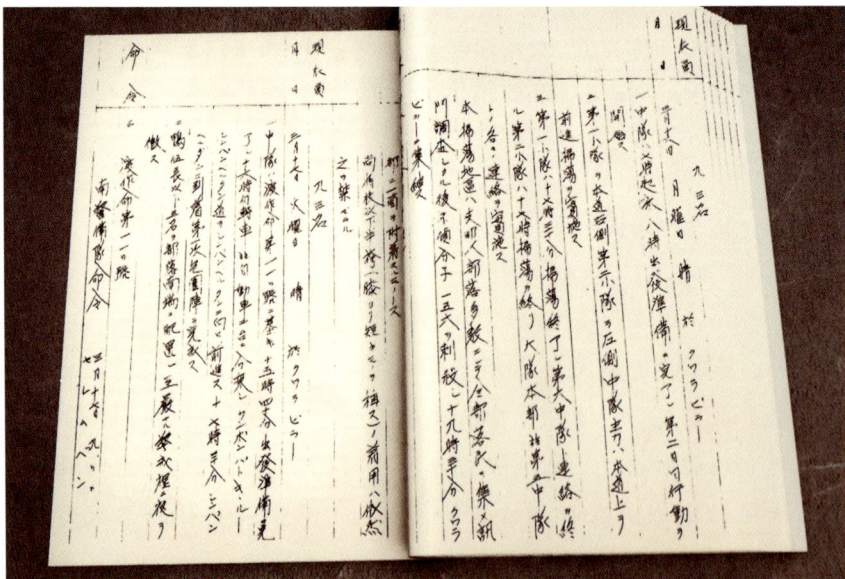

《阵中日记》（林少彬提供）

有计划、有组织地大规模屠杀无辜平民是违反国际条约的战争罪行。那么究竟谁要为这场屠杀负责？战后的国际法庭又是如何审理这场屠杀？

肃清屠杀的最高指挥官山下奉文在1945年10月29日开始的由美国主导的马尼拉审判中因"指挥官责任"被判处绞刑。但大屠杀的实际执行者是否同样被绳之以法？

新加坡维多利亚纪念堂1905年建成，如今是一个剧院。而在当年，这里曾是新加坡战后对日审判的法庭。其中，关于"大检证"屠杀的审判就是在这间大厅里进行的，到场的人挤满了整个房间。从1947年3月10日开始，持续了整整15天。然而，日军的暴行在当时要证实，取证的难度相当大。

新加坡法庭审判肃清大屠杀现场［新加坡NHB（国家遗产委员会）提供］

林博史（日本关东学院大学经济学部教授）：

　　身为最高司令官的山下奉文，当时已经被美国在菲律宾的马尼拉审判上判处死刑，所以当时并没能取到最高司令官的证言。另外关于肃清事件，日军没有留下任何记录。所以主要是依据当地平民，还有逮捕到的相关人员的证言进行审判。

尽管取证面临种种困难，但是控方还是找到目击者上庭作证。根据新加坡报纸12日报道："华人姚鸿章出庭作证。据称：当时亦曾被捕，未知因何得蒙释放，释出后曾见卡车3辆，满装华人，经过其家，未几即闻机关枪声格格不绝，后来仅见空车驶回。"

最终，7名参与肃清大屠杀的日本军官被定罪，其中河村三郎和大石正行中佐被处绞刑，6月26日上午，2人在新加坡樟宜监狱被执行绞刑，其余5人被判终身监禁。

除了肃清大屠杀之外，新加坡法庭先后审判131起日军军官、宪兵及一般士兵涉及屠杀及虐待平民的案件，被告总数达到464人。

短视频4：
新加坡历史研究者林少彬挖掘日军肃清大屠杀珍贵史料

1967年2月15日，在新加坡中华总商会前挖骨总管胡振华亲手埋下遇难者骸骨的地方，树立起日本占领时期死难人民纪念碑。每年8月15日是新加坡的日军投降日，恰逢当地华人的中元节，胡老都会携家人到纪念碑献花祭拜，以求心灵的慰藉。

新加坡肃清是一场集中性针对华侨平民的大规模屠杀，然而，二战期间日军对于华人的屠杀，却覆盖整个马来半岛。

## ○ 马来半岛大屠杀

为了更深入研究二战期间日军犯罪的动机和原因，曾是新加坡日本文化协会副会长的林少彬和多位日本教授、学者成为好朋友。今年78岁的琉球大学名誉教授高岛伸欣就是其中一位。

一场在新加坡举办的肃清屠杀遇害者后代的听证会上，主讲人沈素菲讲述在肃清屠杀中痛失父亲，母亲也因为思念过度死去。

沈素菲（肃清大屠杀受害者）：

我希望我们的教育政策要教育下一代好好地维护和平。

高岛伸欣在网上发布邀请，受到积极响应。超过20位来自日本各界、年龄不等的人员参与其中，他们中的大多数都是第一次了解到日军曾在东南亚犯下的罪行。

高岛伸欣所组织的肃清大屠杀听证会现场（摄制组摄于新加坡）

高岛道（听证会听众）：

在这里听到（曾是）7岁小女孩（的主讲人）的亲身经历，非常心痛。想把这些信息带回日本，在日本的教育现场告诉大家。

高岛伸欣曾是一名高中地理教师，但1975年8月的一次赴马来西亚旅行改变了高岛的后半生。

高岛伸欣（琉球大学名誉教授）：

那时当地的居民告诉我，日本二战中在马来群岛到处屠杀当地的居民，还给我看了当时的纪念碑。在日本国内对于日本军队在中国以及南京的杀戮还是很多人都知道的，而日本军队在东南亚的所作所为却不为人知。当时我想既然看到这么多证据，那么我回到日本就去调查看看。既然没有人做这方面的研究，我发现了这个问题，就必须调查到底。

1941年12月8日，珍珠港事件爆发后，日本入侵马来亚。此后，日军在马来亚大肆屠杀华人。

40多年以来，高岛伸欣几乎走遍和探访整个马来半岛各州的墓地和纪念碑，举办了几十场听证会。经过对搜集的史料考证和研究之后，他编撰了多本实录本。在他的研究中发现，和新加坡的"检证"屠杀相比，日军在马来半岛的屠杀范围更广，对象常常是整个村中的男女老幼，几乎是无差别屠杀。在高岛伸欣找到的一份军队的战场日记中显示，对于"敌性华侨"的虐杀，是日本军队的集团行为。

高岛伸欣（琉球大学名誉教授）：

> 在官方记录的某一栏里写明要杀掉敌方华侨，并附上命令书。命令书中写道，在铁路、公路500米以外的范围，不容易发现的地方，只要发现英国军队和华人，无论男女老少全部格杀勿论，内容写得非常具体。

**短视频5：**
日本教授高岛伸欣40多年来走遍马来半岛挖掘日军犯罪证据

除了范围更广之外，日军在马来半岛的屠杀持续的时间也更长。1945年8月15日日本宣布无条件投降之后，杀戮还在进行。新加坡华裔林少彬的祖父就是在日军投降后的9月5日，在马六甲惨遭日本宪兵杀害。

林少彬保存着祖父留下的唯一一块玻璃底片,他将底片冲印出来,才第一次看到祖父的模样。

林少彬(新加坡日本文化协会原副会长):

> 这个是我父亲保留下来,给我们家人的祖父的唯一一张照片的底片,玻璃(底片)来得非常珍贵。

林少彬祖父照片(林少彬提供)

从父亲口中得知,祖父被害的那年仅30出头,而被杀害的原因,仅仅是因为办了马来西亚的第一份中文报纸。林少彬不仅找到这份只存在一天的《大众报》,还搜集了所有对这一案件的报道,找到了当年祖父一去不归的真相。

林少彬(新加坡日本文化协会原副会长):

> 一共14人被抓,送上军车、货车。他们先经过他们的宪兵总部,很短时间就被运到海边。因为那时候是晚上,他们利用夜幕坐小船到马六甲海峡的五屿岛。那边有一口古井,开头的时候是把几个人先砍头。后来想加快速度,就用刺刀刺杀他们,把他们的尸体全部丢到那井里头,人就跑了。

日军在8月15日已经宣布投降，为什么19天后还在血腥屠杀？

林少彬（新加坡日本文化协会原副会长）：

英军在15号（日军）投降的时候，总部设在印度，距离马来西亚还很远，他们坐船回到这里来，其实是9月16号。日军那时候还没成为正式的战俘，我祖父的惨案是发生在5号，在这个英军不在意的真空情况下发生了这个惨案。

为了找到更多祖父遇害的真相，林少彬与亚太战争审判专家积极联系，不仅促使日本教授林博史在《华侨虐杀》一文中记录案件始末，还找到战后设在马六甲的英国法庭对这一案件的庭审记录和判决书。这一案件在1946年7月5日、6日进行审理。

林少彬（新加坡日本文化协会原副会长）：

辩方致辞，说的是我祖父他们办了一份抗日的报章，就是这份《大众报》。这个很可惜，《大众报》所讲的东西都没有什么抗日的味道，但是日军就用这个名义说他们在搞抗日活动，所以把他们抓起来杀了。

九五惨案发生地琼州会馆及马来西亚第一份中文报纸《大众报》（林少彬提供）

根据英国法庭在马来西亚审判时的《起诉书》，此次屠杀的执行者龟泽松年大尉和大本清范少尉因"策划、实施逮捕，且未经审判私自处决华人"被判死刑，在案发第二年的同日9月5日，在马六甲执行，另外9名军官被判10年有期徒刑。

马来半岛大屠杀是日本"大东亚共荣圈"扩张计划的一部分。此外，还有一个被英国殖民了百年的城市，成为日本在"建立共存共荣的新秩序"幌子下的扩张目标。

**短视频6：**
新加坡华人林少彬讲述祖父在九五惨案中惨遭日军杀害经过

## ○ 香港大屠杀

20世纪40年代初，历经开埠百年的香港成为繁华的自由贸易港，也一度被认为是日本不敢轻易染指的"孤岛天堂"。

然而，更加严峻的事实是：香港战略地位极其重要，是扼守太平洋的要冲，是通向中国内地最重要的军用物资运输通道。1942年，"孤岛天堂"在日军的炮火和铁蹄中终结。

在远东国际军事法庭的庭审画面中，英国联合军队的加拿大籍军人牧师吉姆斯·巴内特在庭上作证的一段庭审影像揭露了日军曾在这片土地犯下的暴行。

吉姆斯·巴内特（证人）：1941年圣诞节早晨6点左右，日军冲进圣史蒂芬斯战地医院。我看到5个日本士兵刺死了15到20名病人。被带出病房的2个人，他们的身体被严重损毁，他们的耳朵、舌头、鼻子和眼睛都被割掉了。

检察官：你看到护士了吗？

吉姆斯·巴内特（证人）：她们曾遭到日本士兵的侵犯，其中一名护士告诉我，她被迫躺在两具尸体上，被日本人随意侵害。

检察官：你说的"侵害"这个词是什么意思？

吉姆斯·巴内特（证人）：她们被日本人强奸了。

巴内特证词中所说的圣史蒂芬斯战地医院，就是今天的香港圣士提反书院，位于香港岛南区赤柱半岛，是香港少数拥有百余年历史的中学之一。

巴内特所目睹的惨案就发生在圣士提反书院的礼堂，就是今天书院大楼的图书馆内。1941年12月8日凌晨4时，日本在马来亚（今马来西亚）登陆后，占领军最高司令官酒井隆中将下令轰炸香港，学校大楼被改作紧急军事医院。17天后，正值圣诞节，200多名日军冲进这里进行残酷屠杀，超过120位伤兵和医务人员惨遭杀害和奸淫。

陈国培（圣士提反书院历史老师）：

进入之后，日军不再用枪，所有枪都上了刺刀，为了省子弹，用刺刀将病榻上的士兵一个个刺死。之后将当时的所有医护人员以及其他女性救助者全部抓到二楼不同的空房内囚禁，后来逐一拉出去强奸、虐杀。这些杀戮行为一直持续到第二天清晨。

刘蜀永（岭南大学香港与华南历史研究部荣誉教授）：

当时英军把（圣士提反）书院用作战地医院。尽管当时在书院的塔楼上悬挂着显著的红十字旗帜，同时书院的外墙上涂了醒目的红十字标志，仍然无法阻止日军大开杀戒。

根据《日内瓦公约》，军事行动不能在军事医院里面进行。但是日军却不顾一切，面对手无寸铁的受伤军人和医务人员施以暴行。他们这样做的目的何在？

陈国培（圣士提反书院历史老师）：

> 到12月大概23日、24日，他们攻陷浅水湾之后，一路向赤柱半岛推进的时候，当时他们以为赤柱半岛的军人已经没有作战反抗能力。殊不知，进入赤柱村后遭遇严重的巷战。所以他们觉得必须对当时对日军的抵御力量进行反击，抵御得越强烈，越要进行屠杀，让你们感到害怕，要完全臣服于日军的侵略之下。

**短视频7：**
黑色圣诞日，日军闯入香港战地医院对伤兵及医护人员残酷施暴

12月25日，防守赤柱碉堡的英军为解救人质，被迫向日军投降。在半岛酒店的336房间，香港总督杨慕琦代表英国殖民地官员向日军签署了投降书，12月25日这一天，成为香港历史上的"黑色圣诞节"。

战时日本电台广播进行播报："昭和十六年（1941年）12月28日，万道金光照射着下午的街道。我军开始举行入城式。"

随着1941年12月28日日军铁蹄入城，香港被改名为"香岛"，开始三年零八个月的日占时期。酒井隆以代理香港总督的身份，成为临时的香港最高管理者。

日治期间，日军在香港大肆屠城，致使不少百姓妻离子散，民不聊生。

林珍（原东江纵队港九独立大队队员）：

> 日本人在占领香港之后，我曾深刻地亲身体会到那种罪恶、凶残。比如我从家里的骑楼可以看到对面的骑楼，有很多

林珍和姐姐林展的老照片（林珍提供）

难民，有的还抱着婴儿，第一天坐在那里，第二天就不见了，后来早上还被那些拉尸体的工人用草席拉走。

今年84岁的林珍当年只有七八岁，曾是香港抗日游击队的一名"小鬼"通讯员。她的姐姐林展比她大将近20岁，在游击队里担任司令员随行翻译。林珍加入抗日游击队是受姐姐影响，至今她都清楚地记得当年日军对姐姐的残酷行径。

林珍（原东江纵队港九独立大队队员）：

有一次，突然间白天，我妈妈的学生跑回家里和我妈妈说，不好了，不好了，姐姐不知道为什么被日本人绑在车上游街。我们在楼梯口一看，我姐姐被绑着手，有一个拿着刀的日本人赶着她上来，楼下还有两个拿着刀的在门口守着，还有一个是挂着把大刀的，推我姐姐上来，开始打我姐姐。（边打边问：）"军票你收在哪儿了？"打完一轮他们见这样都问不到，就将我和我哥叫了出去，"你们俩出去！"原来他们叫我妈拿毛巾包住我姐的头，然后用那支大长刀在我姐的脖子上架着。我姐的衣服都被打烂了，手臂肿得像腿一样粗，被打了一上午。

被姐姐抗日的精神所鼓舞，年纪轻轻的林珍也申请加入抗日游击队。姐妹俩所在的游击队就是中国共产党领导下的广东人民抗日游击队东江纵队在香港的港九独立大队，队员从200人扩展到数千人，成为日治时期香港唯一的抗日武装。

　　　　　　　　　　《亚太战争审判》全纪实

然而,港九大队的英勇抗日也让日军凶残的本性愈加显露。

短视频8:
东江纵队老战士林珍含泪回忆香港日占
时期日军暴行

大屿山是香港最大的岛屿,位于香港西部海域,美丽的自然景观吸引着众多游客来此休闲度假。其东南面的梅窝,又名银矿湾,是一处由多个村落组成的小社区,也是大屿山对外交通的要道。

如今位于涌口滩的银矿湾度假酒店所在的位置曾经是日军大本营,1945年2月,约80名日军被派驻大屿山,挖掘地道和防空洞,以抵御盟军可能发动的海空攻击。

1945年8月19日,在日本宣布无条件投降4天之后,为了报复游击队的抗日行动,日军大规模搜捕银矿湾乡民并残酷屠杀,银矿湾沙滩近横塘河涌处便是当年日军执行处决的刑场。

温来喜(梅窝乡事委员会执行委员):

> 当年日军驱赶了我们梅窝一共6个村庄300名村民,在我们旁边这棵树这里审问。要他们供出大屿山游击队,尤其是住在梅窝的地点。我们的村民宁死不屈,日本军官就抓村民从审问的现场来到这里。一来到这里,就拿把军刀砍杀了十几个。

日军完成大规模逮捕后,又开始无休止的报复行动。直到1945年8月26日,驻大屿山日军接到命令从梅窝撤退之前,日军持续在附近村落放火,虐待、强奸村民。

在温来喜的带领下,摄制组在银矿湾地区的牛牯塱村和白芒村见到了健在的惨案亲历者。张华好是银矿湾惨案的亲历者之一,今年83岁。当年惨案发生时,她只有6岁。另外2名亲历者郭婆婆和

香港大屿山银矿湾屠杀案亲历者讲述案件（摄制组摄于香港大屿山）

老伴，今年也已经超过84岁，惨案发生时他们只有七八岁。即使70多年后，他们仍然记得日军虐待、强奸以及屠杀平民的场景。

张华好（牛牯塱村村民）：

怎么不怕？怕得要死。他（日军）看到你戴了顶帽子，用剑（军刀）一下子把帽子掀开，剑尾划到人额头，哗，血流得厉害。（日军）就是审问他们，问游击队在哪里，有没有见过，有没有藏起游击队。他们就说没有。（日军说：）"你们要说真话，不说真话就杀头！"（兄弟）两个人，一个被抓去杀了头，头这么被砍下来。一个在以前炮楼台阶那里被开枪打死了。

郭婆婆（白芒村村民）：

那些日军的剑又尖又亮，架在脖子上晃来晃去，看得我怕得要死。在山头上有几个女孩子都被强奸了。（她们）就拿烧柴后的灰，在脸上一直涂一直涂，涂得脸黑乎乎。有些就扮成婆娘躲过一劫，不然我们也过不了这一难。

郭福胜（白芒村村民）：

那些没有被打死的人，就是被灌水，灌到呕出来。（日军）又烧了牛牯塱整个村。

根据《日军在港战争罪行》记载，银矿湾惨案中日军借口搜捕游击队，将约300名香港乡民逮捕，并且洗劫当地的商铺和民居。11名村民在浩劫之中惨遭杀害，伤者不计其数，多间房屋被纵火焚烧。

**短视频9：**
亲历者回忆日军大屿山银矿湾屠杀案始末

为了将在香港犯下战争罪行的日军责任人绳之以法，1946年，英国在香港设立了4个军事法庭。中国政法大学国际法学院教授苏珊娜·林顿从2010年起就开始从英国国家档案馆的档案中搜集资料，历时数年，建立了完整的"香港战争罪犯网上数据库"。

苏珊娜·林顿（中国政法大学国际法学院教授）：

从更大范围来看，香港审判是二战后英国追究战争责任计划的一部分。法庭认定有罪的罪犯中最终被判死刑者达到了最高的比例。

1946年3月28日，香港军事法庭第一次公审日本战犯。大屿山银矿湾屠杀案是法庭审理的首宗案件。在研究银矿湾屠杀案时，林顿找到了一份重要书信，直指日军的罪行。

苏珊娜·林顿（中国政法大学国际法学院教授）：

这一事件之所以能被当局知晓是因为老村民的信件上书，

在信件中将日军的暴行告知英国当局。由于这一案件牵涉香港本地居民，因此将这一以香港居民为受害者的案件作为战争法庭的首宗案件意义重大。

根据林顿的记录，对该案的审判持续整整22天，超过60位幸存的村民出庭指证。最终，3名军官——岸保夫、松本长三郎和内田宏被判处绞刑，其余9人被判监禁2年至10年不等。

在长达将近3年的审理程序中，香港军事法庭共审理46宗案件，共涉及122名日军嫌犯。其中有13宗案件，共计21名战犯被判死刑。2人被判终身监禁，85人被处以半年至20年的监禁。

香港法庭审判大屿山银矿湾屠杀案现场（刘蜀永提供）

6个月后，1946年8月27日，原香港占领军最高司令官酒井隆，也是圣士提反书院大屠杀的始作俑者，被中国南京军事法庭判处死刑，判决书中明确他的罪行："纵兵屠杀俘虏、伤兵及其他非战斗人员，并强奸、抢劫、流放平民。"

短视频10：
战后英国在港设立军事法庭，将罪犯绳之以法

## ○ 了解历史，瞭望未来

亚太战争审判专家林博史在《BC级战犯裁判》一书中写道，战后英国主导的在殖民地的审判中，"对当地平民施暴的战犯数量是对战俘施暴的战犯数量的两倍，约占到全部审判的三分之二"。

正是这场受害者以当地平民为主体的审判，让人们看到在日军铁蹄践踏下的东南亚，无辜平民是如何被残酷屠杀、万劫难归的。

对林顿来说，对审判的研究也就是对历史真相最客观的还原。

苏珊娜·林顿（中国政法大学国际法学院教授）：

> 我热衷这一领域研究的一部分原因在于，我希望香港居民、中国大陆人民，乃至整个亚太地区的人们，通过我的研究能更多地了解这段历史，铭记它，并珍惜它。

林少彬还在继续搜集日军在新加坡和马来半岛罪行的证据。他相信，大海能将尸骨冲走，却冲不走真相。

林少彬（新加坡日本文化协会原副会长）：

> 我唯一能够做的就是尽可能去找到这些发生过的事情的档案，找到它的记录，留给我们后世的人作为警惕。

纪念碑前，罗荣基一家人用自己的方式怀念故人。

罗荣基（新中友好协会董事）：

> 我们老一代人永远忘不了。

高岛伸欣教授被授予"亚洲和平奖"。他所组织的听证会上，日本听众深受触动。

乘松洸希（听证会听众）：

对我们这代人来说,在以后的几十年里能听到这段历史的机会越来越少了。

中垣幸世(日本歌手、听证会听众):

想以日本人的身份将这件事讲述给更多的人听。

从2008年开始,香港圣士提反书院推行历史遗迹导览计划,由该校的学生向访客介绍这座学校的过往历史。

姚均毅(圣士提反书院学生):

我觉得能够分享给不同的人,令更多人知道这段历史,都是我的福气。我很感恩我有这个机会去做这件事。

黄凯翎(圣士提反书院学生):

当我做了导览员之后,我对日军侵华这段历史的认识更加深刻。

揭开战争的伤疤,是为了更好地瞭望未来。正如新加坡前总理李光耀在和平纪念碑揭幕式上所说,立碑不是要撩起旧日的仇恨火焰,而是要纪念在一场历史大灾难中死难的同胞,并提醒人们对任何新威胁保持充分警惕和戒备。

# 那片海浪未曾诉说的故事

朱雯佳

有着美丽海岸线的东南亚，常年游人如织。**然而二战时期这里血泪交织的往事，却也被隐没在了历史的海洋中，鲜有人提及**。最初拿到英国审判中关于东南亚华侨大屠杀这一主题的时候，摆在我面前的一大困难就是，研究BC级审判的专家本来就不多，专注于马来半岛大屠杀、香港日占史和战后审判的研究者更是屈指可数，要找到东南亚大屠杀的亲历者及后人更是难上加难。如果没有一个专家级的研究者为全片把关，提供拍摄线索，恐怕很难完成这样一部要求细节真实、史实严谨的纪录片。**阅读相关史料后，我了解到日军所策划的这场针对东南亚华侨的大屠杀极为残酷，其对象是没有反抗能力的当地平民**。光是在新加坡肃清大屠杀中，就有超过5万华人平民惨遭

新加坡肃清大屠杀所在地榜鹅海边（摄制组摄于新加坡）

日军杀害。但是东南亚华侨大屠杀的知晓度却并不高，这让我更希望能找到一位为全片穿针引线的研究者，来揭露这段鲜为人知的历史。

正当一筹莫展之际，一个电话让我看到了方向。电话那头是上海交通大学东京审判研究中心的王选老师，她说刚有一位研究新加坡大屠杀的专家拜访她，是一位新加坡华人，他的祖父是日军在马来半岛屠杀的遇难者。

于是我立即给这位叫林少彬的专家去了电话，林老师用略显低沉的声音告诉我，他的祖父遇害的时候才30出头，当时和几个有志之士一起办了马来半岛的第一份中文报纸《大众报》，便被日军以抗日的名义在马六甲的无人岛上残酷杀害，尸体还被抛井灭迹。正是因为祖父的这一惨案，促使他开始了漫长的研究和资料查证工作，从马来亚大屠杀到新加坡肃清大屠杀，到底还有哪些不为人知的细节？他决心一查到底。我顿感有了希望，这不就是我要找的人吗？

凑巧的是，我在网上查阅资料时曾了解到日本琉球大学名誉教授高岛伸欣从1975年至今，每年都要去新加坡、马来西亚做调查，寻

采访马来半岛大屠杀遇难者后人、肃清大屠杀研究者林少彬（摄制组摄于中国上海）

找二战中东南亚受害者的资料，祭拜当地的屠杀纪念碑和死难者墓碑，40多年来几乎踏遍了马来半岛。一方面感慨于高岛教授的坚持，一方面也想得到他研究上的帮助，我希望在片中采访这位今年已经78岁的日本老教授，却苦于从各个渠道都难以找到联系方式。拜访林老师的时候，听闻我的这一采访需求，他笑起来，**"你早该来找我了，我刚刚同高岛教授发了邮件！我们一直在联络"**。我顿感遇上了

摄制组和高岛伸欣教授一行在听证会所在地前合影

"贵人"。有了林少彬老师的引荐，高岛教授很快回复了邮件，8月中旬他会再次前往新加坡和马来西亚拜访受害者后代，期间还会在新加坡召开一场肃清大屠杀受害者后代的听证会，听众都是在网上报名的日本各界人士，他们对肃清大屠杀几乎都是一无所知。为了以第一视角纪录这场听证会，我与另外几位拍摄对象和采访嘉宾反复联系，来回几次，终于把在新加坡拍摄的时间定在了8月中旬。8月的新加坡烈日炎炎，这天，我们早早地抵达会场——离牛车水不远的怡和轩。一进会场，就看到了已经在忙碌的林少彬老师。他告诉我们，这里曾是新加坡华人侨领的聚集地，怡和轩更是南洋抗战救亡运动的中枢，南洋华侨领袖陈嘉庚曾是这里的主席，所以听证会选在这里召开还是很有意义的。不久，高岛伸欣教授一行和此次听证会的主讲人、肃清屠杀遇难者后代沈素菲奶奶和她的家人也到了。

听证会是在充满反省但不乏温情的复杂氛围中进行的，与会者叙述冷静平和，这也是我第一次参加这样形式的跨国界听证会，有

很多细节让我深受触动。比如当沈奶奶举着一家五口的黑白照片，含泪说着"这是我们一家五口最后的合影"，"我希望大家能珍惜和平"；高岛教授的爱人高岛道女士站起身哽咽地说："7岁女孩的经历太让人痛心了，我希望把这些带回到日本，让更多日本人听到"；从日本来到新加坡发展的歌手中垣幸世眼眶泛红地回忆着40多年前自己初到新加坡的时候，因为日本人的身份到处遭遇冷眼，甚至连出租车司机也不肯载她……

　　在后来的采访中，说到自己之所以40多年如一日地坚持找寻证据并带回日本的原因时，这位将近耄耋之年的老教授说："日本在战后，对亚洲还存在明显的歧视，并且在这类关于屠杀历史的研究上，也存在着这种偏见。所以我觉得自己应该好好调查一下当时的历史，必须调查到底。"虽言语朴素，但其坚定让我为之动容。林少彬和高岛教授还将他们多年来奔走于日本国立公文书馆所挖掘的珍贵档案与我们分享，其中就包括被日军定级为"极密"的档案《华侨对策》和日军的官方战场日记《阵中日记》。**这也是这些珍贵档案在国**

林少彬为摄制组展示肃清大屠杀史料档案（摄制组摄于中国上海）

内的首次披露,揭露了日军一手策划肃清大屠杀的动机和过程。

和肃清大屠杀有较为明确的屠杀对象相比,日军在中国香港的屠杀,显得更为惨无人道,男女老幼,都成为日军屠刀下的亡魂。从1941年12月25日驻守香港的英军向日军投降的"黑色圣诞日",到1945年8月日军投降,期间的三年零八个月是属于香港人的集体回忆。如此熟悉的土地,却有着一段如此血雨腥风的黑暗历史。**当我深入了解得越多,就越觉得能用纪录片的形式让更多人了解这段历史,是一件有意义的事**。在当时的香港,有一支中国共产党领导下的抗日游击队——东江纵队港九独立大队,是日治时期香港唯一的抗日武装。为了找到曾参与抗日,亲历这段历史的老战士,我联络上了曾执导《香港大沦陷》纪录电影并出版同名书籍的历史研究者刘深。他对香港三年零八个月的日占史有着深入的研究,同时也与港九独立大队的后人们保持着交流。**在他的引荐下,我找到了7岁就加入港九独立大队,成为一名"小鬼"通讯员的林珍老师,今年84岁的她也是日军在港暴行的亲历者**。采访那天,林珍老师背着背包,穿着跑鞋,看起来精神抖擞。采访中,林老师提及港九大队的抗日史时激情澎湃,然而提到日占时期日军在香港张扬跋扈、对平民所犯下的残酷罪行时却难掩激动。聊及姐姐曾被日军毒打的经历时更是情难自已、泪流不止,"他们叫我妈拿毛巾包住我姐的头,然后用那支大长刀在我姐姐的脖子上架着。我姐姐的衣服都被打烂了,手臂肿得像腿一样粗,被打了一上午"。日军在她们姐妹俩身上刻下的伤痕之深,也让采访的我深深为之触动。

在研究战后香港审判的过程中,我了解到日军为了报复东江纵队的抗日,还在大屿山梅窝一手制造了银矿湾屠杀惨案,屠杀无辜乡民,并且在附近村落实施纵火、虐待、强奸等暴行,**这起惨案也成了1946年香港战后审判的首宗案件**。为此,我找到了专注于香港历史和审判研究,出版过多本香港史著作,并且指导出版了《日军在港战争罪行》上下册的刘蜀永教授。刘教授已年近80,却依然对历史研究充满热忱,除了为我们提供珍贵的庭审资料和审判照片之外,**还为我们还原银**

摄制组采访香港大屠杀亲历者、原东江纵队港九独立大队老战士林珍（摄制组摄于中国深圳）

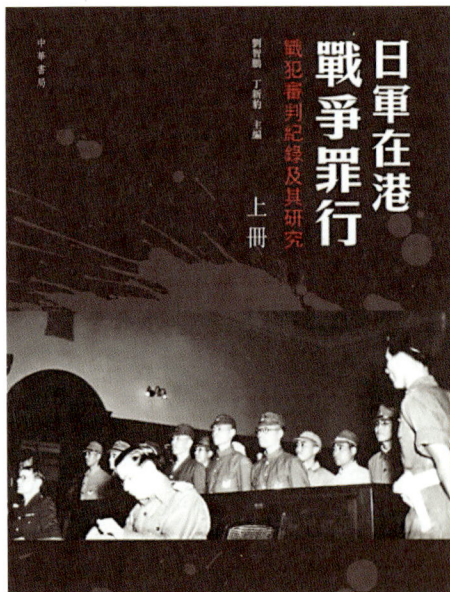

《日军在港战争罪行》一书中详细记载了大屿山银矿湾屠杀惨案始末和相关庭审记录（刘蜀永提供）

矿湾惨案提供拍摄线索——银矿湾仅存的寥寥几位尚健在且记忆还清晰的惨案亲历者。

虽然从文字上已经知晓日军暴行的惨烈，然而听到亲历者用略微颤抖的声音描述当时的情形，看到他们沟壑纵横的面容中流淌的对暴行的愤怒和恐惧时，依然为之震颤。**影像的力量，让战争仿佛近在咫尺。**

还记得在新加坡傍晚时分的那场拍摄，曾经参与肃清遇难者遗骸挖掘工作的老人胡振华和家人蹲着身子，整齐地摆

胡振华一家在纪念碑前点蜡烛祭奠逝者（摄制组摄于新加坡）

放好烛台和祭品，点燃了一长排的蜡烛，又郑重地踏上台阶、送上鲜花，那认真而凝重的表情包含了太多难以言喻的情感。

采访中亲历的那些感人瞬间，无论是亲历者忆及往事的泪眼婆娑，还是研究者几十年如一日地钻研历史、挖掘证据，都让我感受到作为一名纪录片导演，有责任让这些口述历史和珍贵档案不被历史的洪流所吞没，留存得更深更远，为更多人所知。**当历史进程中的每个侧面被一点点摊开，我感受到了这其中如涓涓细流汇入大海般的澎湃力量，这是真实的力量，也是推动人类前行的最深层的力量。**

# 第六章
# 绳之以法

1945年8月21日下午4时，一架飞机降落在湖南芷江机场，以侵华日军总参谋副长今井武夫为代表的日方人员来到这里，向中国陆军总司令部参谋长萧毅肃为首的中国陆军高级参谋人员乞降。随后的52个小时，中日确定了侵华日军向中国军民投降的所有事宜，日方交出日军在华兵力分布图，并在《投降时注意事项备忘录》上签字。

1945年9月9日上午9点，在南京中央军校大礼堂，中国陆军总司令何应钦代表中国战区最高统帅蒋介石接受侵华日军投降。

随后，广州、长沙、上海、汉口、杭州、太原、台北、北平（北京旧称）等16个受降区纷纷进行签降仪式。

日本帝国主义正式在中国人民面前签署投降协议、交出配枪佩刀，对于中国人民而言，抗日战争的胜利观感是从这一刻开始的。

**短视频1：**
日本在华各地投降高清影像

此前的14年，日本侵略者在中国烧杀掳掠。中国将如何清算日本侵略者的罪行？中国作为亚洲战场最大的受害国，战后由其主导的对日BC级战犯的审判，意义不亚于远东国际军事法庭的审判。中国在战后对日审判中做出了怎样的裁决？中国对日审判有什么样的意义？

## ◦ 中国对日审判

20世纪40年代初的欧洲大陆，正遭遇战火肆虐。1942年1月，在英国伦敦的圣詹姆斯宫，欧洲九国流亡政府签署了《惩治德人暴行宣言》，这是国际社会最早提出对二战战争罪行进行惩处的文字档案。一名中国外交官以观察员的身份出席这次会议，他，就是当时国民政府驻荷兰、比利时和捷克公使金问泗。

在台湾当局"国史馆"存放的国民政府外交部档案里，保存着一份金问泗发自伦敦的电文。电文中写道，中国政府相信，只有就日本对中国人民所做的罪行进行和别国人民所受罪行相同的审判，对施恶的人依法处以相同的惩罚，正义才能够被维护。

这一年春天，中国国民政府在重庆设置收集日本战争犯罪情报的相关机构。调查日本战罪和收集证据的工作从战时一直延续到1945年8月日本无条件投降之后。

在关爱抗战老兵重庆志愿者团队的帮助下，我们见到了时年107岁的韩灿如老人，他曾经赴南京受降，并且主持南京市区日军投降缴械和物资收集工作。

摄制组在重庆采访了韩灿如老人（右），2020年6月韩老过世了

韩灿如（抗战老兵）：

枪交到我们手上，日本人擦得干干净净，亮晃晃的，（枪）已经架好码起在仓库。司令部总部我们去看了，日本人的情报工作做得很好。我们营地的位置，军部、师部、部队住哪里，在地图上摆得清清楚楚。

短视频2：
抗战老兵韩灿如回忆日军投降交枪全过程

1945年，同盟国开始在亚洲太平洋地区举行一系列对日本战犯的审判，其中包括一个11国合作的A级战犯审判，即东京审判，以及50多个由各国自行举行的BC级战犯审判。在7个举行BC级审判的国家中，中国是最初以主权国而非殖民地宗主国的身份来主导审判的国家。

1946年4月起，国民政府在南京、汉口、广州、沈阳、太原、北平（北京旧称）、徐州、上海、济南、台北10个城市先后设立审判日本战犯的军事法庭。接下来的3年里，10个法庭的法官、检察官与2 000多名日本战犯在法庭上交锋，清算日军侵华罪行。中华人民共和国成立之后，又在沈阳、太原成立最高人民检察院东北工作团，于1956年夏天对1 000多名战犯进行改造和审判，这是中国有史以来最为浩大的一次对侵略者的审判。

## ○《何梅协定》的始作俑者——酒井隆在南京法庭受审

70多年后，12个法庭旧址大多已不存在，大部分检调和审判的原始文件，也因为各种历史原因，或损毁或未被公开。保存至今的，显得尤为珍贵。

在英国国家档案馆中存有一份英文文件，战犯酒井隆的判决书。这是英文世界里，能够找到的有关中国审判日本战犯的为数不多的档案资料。中国国民政府对日本战犯进行审判的判决书，为什么会出现一份英文版？并且被英国国家档案馆收藏？

酒井隆是什么人？他在日本侵华过程中做了些什么？

为了寻找这些问题的答案，摄制组前往中国南京。

南京，中国历史上六大古都之一，1927年至1938年，中国国民政府定都在这里。

南京师范大学历史系的严海建副教授，曾前往台北、东京、纽约等地搜集国民政府审判资料，研究战后中国对日审判。他给摄制组看了一份他从台湾当局"国史馆"找到的档案文件，这是1945年10月中国国民政府召开讨论战犯名单的会议后，由蒋介石手定提出并提交给盟军总部的首批"侵华最著者十二人名单"。

严海建（南京师范大学历史系副教授）：

> 他列的名单里面，很重要的一个是华北事变的责任人，另外一方面就是策动成立汪伪政府的，像影佐祯昭等战犯；这个名单实际上有8个人是我们以前所谓的中国通，是在中国实行这些侵略事变的策划者和实施者。他都归结到一点，就是破坏中国领土主权的完整。

蒋介石亲列的这份战犯名单中的土肥原贤二、板垣征四郎、东条英机等人，最终根据《远东国际军事法庭宪章》被认定为A级战犯，在东京法庭接受审判。还有一些战犯，则是在国民政府自主设立的法庭进行审判的，其中就有位列名单第10位的酒井隆。

1945年冬至前夜，一个中年男人混迹在一群即将遣返的日本侨民中，这个人就是酒井隆。让他没有想到的是，他被中国宪兵当街抓获。因为军阶级别较高，酒井隆被押送到南京陆军总司令部军事法庭受审。

酒井隆被押送至南京受审（侵华日军南京大屠杀遇难同胞纪念馆提供）

南京黄埔路上的励志社，曾经是中国国民政府首脑和官员日常生活及工作的场馆。战后，励志社的黄埔厅成了南京法庭审判日本战犯的主要场所之一。

黄埔厅为南京审判法庭旧址（摄制组摄于中国南京）

《亚太战争审判》全纪实

顾若鹏（剑桥大学亚洲与中东研究学院教授）：

　　励志社的黄埔厅，在英文中也被称为孙中山三民主义学习会社的大礼堂。1946年5月30日，南京陆军总司令部军事法庭在这里第一次公审酒井隆。成群的市民前来见证审判，大厅能容纳300余名市民、庭审人员和证人，只有持有旁听证的人才被准允进入大厅。

　　上午9点36分，审判长石美瑜携4位审判官和1位检察官陈光虞开庭，有翻译官为酒井隆担任翻译。

　　中国国内多家报纸对公审进行了报道。上海的《和平日报》是这样描写当天的酒井隆的："矮瘦之酒井隆带深度近视眼镜，衣藏青旧西装，翻领衫，蹒跚入场，就被告席。庭上讯问酒井姓名、年龄、籍贯后，检察官宣布起诉书要点，并由翻译官逐段译成日语。"

　　70多年前《大公报》登载的一段法庭答辩，使我们几乎可以身临其境地感受到中方司法人员与酒井隆的激烈交锋。"问，为什么你强迫我北平军政首长承认伪满。被告反问，这是什么时候？在什么地方？向谁提出的？问，日本进攻香港，是否企图与德国瓜分世界？答，我是军人，只知奉命行事。"

**短视频3：**
看酒井隆如何在南京法庭受审

顾若鹏（剑桥大学亚洲与中东研究学院教授）：

　　在法庭上，酒井隆声称自己只是一名听从军令的士兵，然而，国民政府法庭在对他的起诉中使用"反和平罪"的罪名。问题是，这一起诉罪名是否合理？

"反和平罪"作为一个明确的概念提出是在纽伦堡审判。1945年8月8日,《纽伦堡宪章》公布,其依据是《伦敦协定》和《欧洲国际军事法庭宪章》。有关侵略战争的法律原则在《纽伦堡宪章》中被命名为"反和平罪",与"普通战争罪""危害人类罪"一起作为起诉罪名。上海交通大学人文学院历史系的刘统教授,多年来研究中国近代史和战争史,近几年专注于中国对日BC级战犯的审判研究。

刘统(上海交通大学人文学院历史系教授):

"反和平罪"不仅仅是A级战犯才能有,我们没有明确地规定酒井隆是A级战犯,因为他不在名单里面,但是我们国内的审判把酒井隆当作一个头等重要的战犯。在日本由东北向华北的扩张过程中,酒井隆作为一个中国通,他对中国的危害是相当大的。

卢沟桥,北京市现存最古老的石造联拱桥,位于北京市西南丰台区永定河上。1937年,七七卢沟桥事变爆发,一直以来被认为是日军全面侵华战争的开端。

出生于1931年的郑福来,是80年前卢沟桥事变的亲历者。如今已是耄耋之年的他,作为卢沟桥抗战史的义务讲解员,坚持近70年。

采访卢沟桥事变亲历者郑福来(摄制组摄于中国北京)

　　　　　　　　　　　　　　　　《亚太战争审判》全纪实

郑福来（七七卢沟桥事变亲历者）：

我小时候，卢沟桥七七事变，我不满7岁。日本人占领咱东三省以后，又在丰台驻军，全副武装。每天听到枪炮声，天不亮，枪炮声就把我惊醒。拿起书包背，说要上学，我父亲说"上不了学啦"，二十九军和日本人打起来了！那个时候家人全逃难了！

短视频4：
七七卢沟桥事变亲历者回忆七七事变

此前，日本对中国的策略一直是经营东北，再利用中国军阀割据的现实，各个击破，分而治之，这一"蚕食计划"在七七卢沟桥事变后，为什么迅速演变成中日双方的交战？多年来一直是史学界研究的重点。

台湾政治大学历史学系教授刘维开，是较早阅读和利用《蒋介石日记》进行研究的学者。他发现问题的背后，有一份关键的文件。

刘维开（台湾政治大学历史学系教授）：

我们现在从蒋日记中可以看到，卢沟桥事变发生之后，蒋先生当时第一时间就决定要派中央军四个军北上，这个行动让日本方面直接感觉到，你违反《何梅协定》。

1935年5月初，亲日人士天津日租界《国权报》社长胡恩溥和《振报》社长白逾桓相继被刺杀。日方借机扩大事端，宣称两人被暗杀，是中国人民的排日行为，以此胁迫军事委员会北平分会委员长何应钦与日方代表梅津美治郎签订《何梅协定》，这份文件包含中央军撤出河北省等九点要求。一旦执行，将使得中国丧失在河北省的主权。蒋介石当下拒绝，要求何应钦不得在协定上签字。

刘维开（台湾政治大学历史学系教授）：

事实上在7月中以后，蒋介石的态度也非常强硬，根本没有所谓的《何梅协定》，所以他要出兵进入河北，这是属于正常的军事防卫行动。

策划和执行《何梅协定》的主要人物就是酒井隆。

刘维开（台湾政治大学历史学系教授）：

酒井隆当时的身份是天津驻屯军，后来变成华北驻屯军的参谋长。当时天津两个报人的事件，基本上就是酒井隆跟当时日本驻华使馆的武官高桥坦策动的，借此向当时的华北当局施压。《何梅协定》造成的一个问题，就是该做法企图分裂我们的国土。

在江苏省档案馆找到的战犯酒井隆判决书的中文正本中，军事法庭认为："酒井隆熟谙我国国情，与土肥原贤二及梅津美治郎同为来华实施日本侵略政策之主要人物"，判决书的主文中写道："酒井隆参预侵略战争，纵兵屠杀俘虏、伤兵，及非战斗人员，处死刑。"

在南京审判的战犯名单里，另一名《何梅协定》主要策划人高桥坦的名字也赫然在列。南京军事法庭最终于1947年4月15日判决"高桥坦违反国际公约，预备对中华民国之侵略战争，处无期徒刑"。

严海建（南京师范大学历史系副教授）：

酒井隆以及高桥坦是《何梅协定》达成的具体策划和实施的主要人员，他们在战后受到国民政府所设立的南京军事法庭的审判，实际上是作为主权国家对于实施和策划侵略计划的一些战争责任人的追究，这是我觉得跟其他东南亚地区的法庭非常大的不同。

在联合国战争罪行调查委员会撰写的战争罪犯审判的法律报告中，标示为"83号案卷"的档案对酒井隆的判决书有一段这样的结论："通过破坏和平罪判处日本战犯，可以看出国民政府国防部审判战犯军事法庭，在军事审判上与世界接轨，处世界前沿水平。"

1946年9月13日，酒井隆留下遗书后，身着西装，并未捆绑，由宪兵押上卡车开往雨花台。两声枪响，酒井隆当场毙命，成为日本将级战犯在中国被执行死刑的第一人。

## ○ 狼虎伏诛——上海军事法庭审判

顾若鹏（剑桥大学亚洲与中东研究学院教授）：

在南京军事法庭审判酒井隆的同时，国民政府成立的另外9个军事法庭也正在对日本战犯的罪行进行调查取证和审理。然而，国民政府的战罪调查，绝大部分是在现地受降后，由民众检举指认的。这也是为什么被告多以宪兵和低军阶参战人员为主。其中，上海属于重点地区，从海外押解回中国的战犯，都要在上海集中甄别、调查。

据1946年3月11日的《民国日报》记载："上海方面之日军罪行调查，……迄至目前为止，接受市民检举者，已逾三万零八十四件。"只可惜，大多数经由民众检举的材料经过审查后，因为缺乏具体的犯罪嫌疑人姓名、职务等信息，无法作为起诉的证据。

今年88岁的李家璟是当年上海审判战犯军事法庭第二任庭长李

良的女儿。70多年过去,由于各种历史因素,与父亲有关的文件和回忆留存不多,老人将它们整理在一个文件包里。里面保存的是李良担任庭长审判日本战犯的见证:一份上海审判军事法庭职员录,一本李良所写文章和诗词的《国难集》,以及中华人民共和国成立后李良在法庭的同僚回忆李良的文章。

李家璟(上海审判战犯军事法庭第二任庭长李良之女):

> 我家住在泰安路,他的号是次升。

李良审判日本战犯的那一年,李家璟16岁,在她的记忆里,父亲主持上海军事法庭工作期间,共审判了100多名日本战犯。

李家璟(上海审判战犯军事法庭第二任庭长李良之女):

> 每一个战犯怎么判的,稿件都有。所以,那时候的资料有好几柜子,柜子里全是他的东西。

李良是著名的民法专家,日寇侵华前在上海高等法院担任民事审判庭庭长。上海沦陷后,日军强行占领地方法院,希望李良和其他几位上海司法界人士能为日方工作。

李家璟(上海审判战犯军事法庭第二任庭长李良之女):

> (日本人)希望父亲做一块大的招牌,给他们招络一些好人。我父亲死也不去,他说饿死也不做汉奸。

**短视频6:**
上海审判战犯军事法庭第二任庭长李良之女回忆父亲

因为不愿意替日本人做事，李良被捕入狱。在自撰的《国难集》中，李良这样描述自己的蒙难记："狱与厕连，无分男女中外，杂处一室，就地坐卧，严禁交谈"，"予之不从法院易帜而受国禄者，爱吾国而守吾志也。死又何患乎！"

李家璟（上海审判战犯军事法庭第二任庭长李良之女）：

先父被捕，先母为打听先父的真实下落日夜奔走，惊吓、焦虑，不久便折磨成奄奄一息的病人，哥哥、弟弟因为家里太穷饿死、病死，不然现在还活着。

抗日战争胜利后，1946年7月，48岁的李良接到新的任命，出任第一绥靖区军事法庭，即上海军事法庭的庭长，授少将军衔。

顾若鹏（剑桥大学亚洲与中东研究学院教授）：

这栋巨大的建于1924年的建筑，远看如同一艘航行在海上的军舰。抗战期间，它曾是日军在上海的大本营——日本海军特别陆战队司令部。战后国民政府上海军事法庭就设在这栋建

日本海军特别陆战队司令部旧址（摄制组摄于中国上海市虹口区）

筑的四楼。庭长李良可能不会想到，自己曾经被关押的地方，在战后会成为他审判日本战犯的地方。

军事法庭顺应民意，首先审判宪兵队战犯。当时很受关注的一个案子，是江苏常熟日本宪兵队队长米村春喜对中国平民有计划谋杀和使用酷刑的案件。

50多岁的米村春喜是老牌特务，绰号"常熟之狼"，长年驻扎在江苏常熟、太仓地区，负责情报和逮捕抗日人士。

顾若鹏（剑桥大学亚洲与中东研究学院教授）：

> 我们在1989年2月的《上海滩》杂志上读到一篇（书记官）李业初先生回忆审判米村春喜和下田次郎的亲历记："我于1946年10月5日带队去常熟，……记得来到天台岗附近一个高出地面尺把的土墩，乡亲们马上用铁锹挖掘，不几锹就听得'咔嚓'一声，几根白骨暴露突外，再挖下去又露出几具尸骨，……我装了几蒲包遗骨作证，记者当即拍照登报。"足可见庭长李良对于罪证确凿的重视。

严海建（南京师范大学历史系副教授）：

> 国民政府的法庭在整个审判过程中实际上是强调证据中心主义的，要有足够的证据才能够对这些战犯嫌疑人提起诉讼，并且最终确定罪行。

1947年1月6日，庭长李良起草详尽的判决书。"米村春喜违反战争法规，为有计划之谋杀，处死刑。纵容部属连续对于非军人施酷刑致死，并加以不人道之待遇，处死刑。"

经南京国防部审核批准，1947年6月16日，上海军事法庭将米村春喜和另一日军宪兵罪犯下田次郎执行枪决。因为是上海法庭第一次枪决日本战犯，所以场面搞得很大。上海军事法庭更是拍摄了一段新闻纪录片《狼虎伏诛》，"现在这一狼一虎从上海监狱提出来，押上卡车，游街示众，让受过灾难的老百姓看看这两个暴徒的真面目。"

[二维码] 短视频7：
《狼虎伏诛》上海游街

73岁的李志群是上海审判战犯军事法庭书记官李业初的女儿。她父亲在世时，时有讲起当年审判日本战犯的经历，并且留下厚厚的手写日记和口述影像。

新闻纪录片《狼虎伏诛》片段（中央新闻纪录电影制片厂提供）

上海第一次处决战犯"一狼一虎"米村春喜和下田次郎（中央新闻纪录电影）制片厂提供

上海审判战犯军事法庭书记官李业初押送战犯（李业初女儿李志群提供）

李志群（上海军事法庭书记官李业初之女）：

　　他们两位绑了斩条，上面的字就是我父亲写的。这辆就是指挥车，前面就是警车，后面跟了两个战犯，车子开不出来了，都被老百姓围住了，叫人家让路啊让路啊，市民们互相配合，拼命地拍车门，手表都拍坏了。

李业初先生（上海军事法庭书记官）生前被采访时，曾回忆：

　　这两人后来被判处死刑，在上海大游行，车子后来走到南京路外滩的时候，开都开不动。阳台上都是人，屋顶上都是人，爬在电杆木上，马路上更不用说了。我们千说万说，叫大家让开，让我们慢慢通过。

　　徐家俊是中国近代监狱史学专家，参与设在提篮桥监狱内上海监狱陈列馆的筹建。
　　徐家俊（中国近代监狱史学专家）：

　　抗战胜利以后，上海第一次枪毙日本战犯，老百姓的呼声非常强烈,一定要打击惩处日本侵略者。

顾若鹏(剑桥大学亚洲与中东研究学院教授):

曾经的"远东第一监狱",现在是上海提篮桥监狱。当年,米村春喜和下田次郎就是从这里出发,绕上海市区到江湾刑场。遗憾的是,行刑示众的照片被美国报纸刊发后,引起美方盟军的不满。

严海建(南京师范大学历史系副教授):

国民政府进行的大部分审判实际上都是公开的审判,公开审判的听众,既有中国的政府官员、民众以及受害者家属等,同样也有外国的媒体记者、外交人员、驻华的领事人员。国际的观感,对内政有非常深远的影响。

尽管中国传统的游街示众的处决方式没能被西方盟军认同,但对于经历14年抗日战争的中国人民来说,更为重要的是对国家主权的尊重和对战争创伤的抚慰。正如参与东京审判的中国法官梅汝璈在他的回忆录中所述:"犯罪地国内的或当地的法庭审判,使这类战犯在当地受到法律制裁,可以使对他们的暴行记忆犹新的地方群众在心理上、精神上感到快慰。"这是国际审判所不能发挥的作用。

## ○ 集体犯罪的"总判决"——谷寿夫在南京军事法庭受审

1946年5月,远东国际军事法庭开庭前夕,国际战罪调查小组来到中国调查取证。在东京审判的引导下,中国国内的审判在后期也将重点集中到审判负有战争罪行责任的日军将领。

1946年8月1日,一架飞机降落在上海的大场机场,一高一矮两名战犯被押出机舱,高个的是主张侵华策略的矶谷廉介,矮个的就是南京大屠杀主犯、原侵华日军第六师团师团长谷寿夫。他们是美军按照中国方面要求,逮捕并引渡回中国的。

短视频8:
南京大屠杀主犯之一谷寿夫被引渡

谷寿夫在上海的提篮桥监狱被羁押2个月后,押送至南京受审。

1937年12月12日,日军从南京中山门攻入南京,揭开人类历史上黑暗的一页。数十万罹难者、一座城市的沦陷,南京大屠杀是日军侵华期间最为惨绝人寰的暴行之一,国民政府必须对南京大屠杀进行自己的审判。这也是唯一被南京法庭和东京法庭同时审判的重要案件。

很多证言证词是当年南京法庭在调查南京大屠杀案件时搜集整理而来的,负责调查和审理该案的庭长是时年38岁的石美瑜。2005年,石美瑜的儿子石南阳在整理父亲遗物时,发现了几十份南京审判的相关档案,他将档案全部捐献给了侵华日军南京大屠杀遇难同胞纪念馆。摄制组在台北找到了石南阳先生。

短视频9:
采访南京审判战犯军事法庭庭长石美瑜之子石南阳

石南阳(南京审判战犯军事法庭庭长石美瑜之子):

审战犯的时候,当然是有相当条件的。40岁以下,法律要精通的，因为国际法庭，所以要懂外语，（我父亲）刚好三个条件都符合。

1947年2月，年轻的石美瑜即将审判的就是时年65岁的谷寿夫。1937年的12月，谷寿夫率领的第六师团攻陷中华门，并同中岛今朝吾和柳川平助率领的部队一起，在南京城内屠杀、劫掠。

南京大屠杀是一个很复杂的审判案例，被告的确认尤其困难，因为涉及的日军部队众多。

程兆奇（上海交通大学东京审判研究中心主任）：

> 南京暴行作为在亚洲地区最大的暴行，中国政府当时希望把中支那方面军司令官松井石根引渡回南京受审，但是他已经在东京法庭上是被告，来不了。另外，当时施暴的主要队伍是十六师团，十六师团的师团长中岛今朝吾，在1945年的10月死了。所以，只有谷寿夫一个人引渡来，中岛有罪，他也有罪。

为了确切掌握证据，石美瑜亲自调查，做了大量的工作。他和南京法庭的同仁们一同前往中华门、雨花路等日军掩埋中国军民尸体的丛葬地挖掘取证。侵华日军南京大屠杀遇难同胞纪念馆所在地，也是当年的13个丛葬地之一。石美瑜关于调查谷寿夫罪证挖掘被害人遗骸的勘验笔录和鉴定书，被陈列在这里。

石南阳（南京审判战犯军事法庭庭长石美瑜之子）：

> 每个被害人、每个证人来，他都有登记，这是很繁杂的工作。

1947年2月6日，南京军事法庭在励志社大礼堂开庭，公审谷寿夫。次日的《大陆报》对当天的庭审是这样记载的："当石美瑜庭长问他的部下是否有杀害平民，他回答，这是绝对没有的事。面对谷寿夫的狡辩，石美瑜命令法警搬出8个骷髅头骨和若干条骨骼，陈列在法官席上。每个头骨都有致命的伤痕，其中有3个女人头骨，检察官陈光虞质问被告：能说女人也是战斗员吗？谷寿夫无言以对。"

对谷寿夫的审判在二战战犯审判中堪称一次规模浩大的记录，法庭前后历时近5个月，法庭收集的证据达5 000件之多，证人多达500人，公审出庭的证人有80人，包括中外南京大屠杀的受害者和目击者。

短视频10：
南京军事法庭判处谷寿夫死刑

战犯谷寿夫被执行死刑（侵华日军南京大屠杀遇难同胞纪念馆提供）

刘统（上海交通大学人文学院历史系教授）：

（南京大屠杀）从取证、调查，到起草起诉书的过程，还有判决、庭审的过程，都体现我们掌握大量的日军暴行证据。所以，对谷寿夫的判决不是对他一个人的判决，而是对日军的几个师团在南京集体犯罪的一个总判决。

## ○ 战后自主审判——捍卫和平，追求独立

在南京法庭对谷寿夫案审判进行之时，中国其他城市的军事法庭对BC级战犯的战争罪审判也在紧张地进行。广州法庭审判日军驻华南派遣军指挥官田中久一中将，北平法庭审判原一一八师团师团长内田银之助中将，上海法庭审判支那队司令教官福田良三中将。此外，各法庭还审判了日军"反人道罪行"的案件，比如，武汉法庭审判的唯一一例作战使用毒气案，上海法庭审判的外国侨民集中营案等。

刘统（上海交通大学人文学院历史系教授）：

> 面对从来没有过的事情，这些法官、检察官迅速进入情况，迅速跟国际法接轨，迅速地起草符合法律要求的起诉书、判决书，在我们中国法律史上都是一个很大的成绩。

严海建（南京师范大学历史系副教授）：

> 中国在战后自主对日本战犯进行审判，其实是中国近代追求民族独立的重要成果。对于中国实现自己特殊的战争责任追究的诉求，有很重要的意义。

尽管战后初期的国际格局与中国国内内战的局面，决定了中国国民政府追究日本战争罪责的特殊样态，但是，中国强调通过法律的方式纠正日本帝国的错误，是为了证明中国有资格作为战后国际新秩序的成员。

顾若鹏（剑桥大学亚洲与中东研究学院教授）：

> 中国及其盟国旨在用国际法为标准审判日本犯下的战罪，也是为避免掉入战后以暴治暴的恶性循环，同时推进新的平衡的中日关系。

韩灿如（抗战老兵）：

听到（抗战）胜利的消息宣布了，我们狂欢，庆祝胜利。

李家璟（上海审判战犯军事法庭第二任庭长李良之女）：

先父坚决不答应替日本人做事，维护了一个爱国的坚持正义的中国人的气节。

李志群（上海军事法庭书记官李业初之女）：

他这一辈子做过两件事情，所以我们给他写了一副对联，上联：审倭寇为国为民伸张正义，下联：建民革呼前唤后尽心竭力。我们子女感到，对联总结了父亲的一生。

郑福来（七七卢沟桥事变亲历者）：

我为什么讲历史，我就给青年人讲一讲过去惨痛的历史，教育年轻人必须铭记历史，保卫和平。

距离战后审判已经过去70多年，中日两国对于战犯审判的遗忘和重新记忆的过程，也造成国家之间对于历史的不同认识。历史的表述可能因为时代而发生变化，和平却是全人类共同捍卫的目标。

# 75年前，国民政府这样审判日本战犯

戴诚娴

　　要不是在5年前第一次着手制作有关战后审判的纪录片《东京审判》，我都不太了解在1945年8月日本无条件投降之后到1949年中华人民共和国建立前，中国也曾对日本战犯进行过独立审判。据1949年1月的《申报》报道，国民政府在10个城市先后设立的军事法庭共审理2 200余件战犯案件，判处死刑140余人。**本集《绳之以法》，就是想讲述这段鲜为人知的历史，讲讲75年前，中国是怎么通过法律的方式追究日本的战争罪责。**

　　在战后对日本进行BC级审判的7个国家和地区中，中国是唯一一个最初就以主权国而非殖民地宗主国的身份来主导审判的国家。**这是中国近代史上第一次对侵略者的正义审判，也是一场在特殊历史背景和世界政治角力下的司法创举**。然而，不同于东京审判留下了相对完整的庭审影像和文字记录，国民政府审判的相关档案遗散严重，部分留存的档案在国内也一直没有公开，更别提影像。无

国防部审判战犯军事法庭外景（侵华日军南京大屠杀遇难同胞纪念馆提供）

导演戴诚娴采访李良庭长之女李家璟（摄制组摄于中国上海）

论是收集历史资料，还是寻找当年的亲历者或其后人，都不那么简单。在学术顾问和抗战研究志愿者的帮助下，我有幸采访到了几位与这段历史相关的亲历者和他们的后人。其中，最小的73岁，最大的108岁。时年88岁的李家璟是国防部上海审判战犯军事法庭第二任庭长李良的女儿。拍摄那天，老人的看护告诉我，听闻我们要去拜访，李老没有午睡，一直等着摄制组。李老告诉我，**战争毁了她的一家，致其母亲和哥哥弟弟病故，致其一生凄苦，但父亲总是教她，穷富不介，正直为先。**

父亲这样教导她，自己也是这样做的。上海沦陷后，日军希望李良和其他几位法律界人士能够为其工作，但他没有屈从，被日军关进了牢狱。抗战胜利后，李良担任庭长审判日本战犯，"务使每一案件，勿枉勿纵，绝无遗憾"。不是以怨报恶，而是坚持调查事实，依法审判。**对于当时的司法人员来说，这种克制，也是一种战斗，是民族悲情和司法正义拉扯下的权衡。**随着拍摄和调研的深入，越来越多的珍贵档案被挖掘和找寻到。其中，包括上海军事法庭第一次处决日本战犯的影像，以及第一个在中国被执行死刑的日本将级战犯酒井隆的判决书。

《亚太战争审判》全纪实

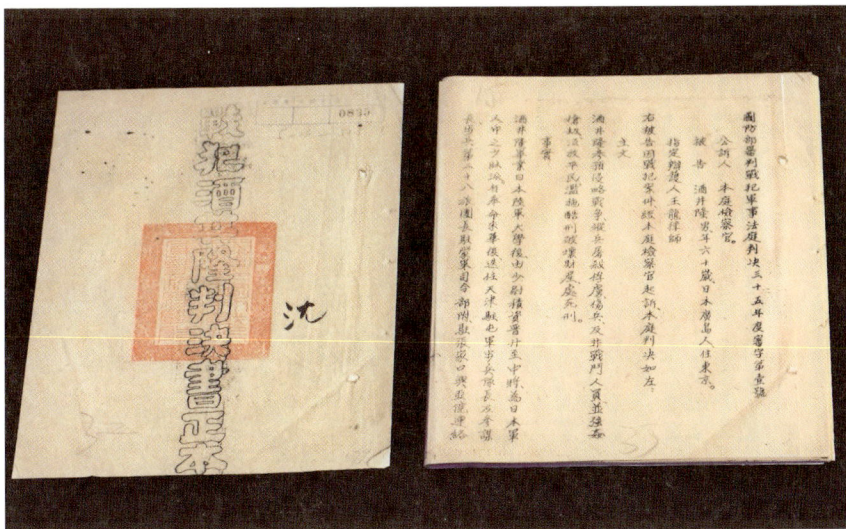

战犯酒井隆判决书中文正本（江苏省档案馆提供）

**这份凝结着中国司法人员办案结晶的文本，也是世界战争罪行审判书的样板之一，它被战争罪犯委员会收集，并翻译成多国语言供各盟国在BC级战犯审判中参考。**

在江苏省档案馆，我找到了这份判决书的中文正本；在英国国家档案馆找到了这份判决书的英文版；在联合国战争罪行调查委员会撰写的战争罪犯审判的法律报告中，找到了对酒井隆一案的英文总结；在上海图书馆和国家图书馆又找到了大量当时中外媒体对于庭审的报道描述。当尘封的档案慢慢展开，像拼图般拼接在一起，成为我重探抗战史的一个契机，我触摸到的屈辱与血泪也变得具象。同时，又深深感受到中华民族的隐忍与坚强，**这种隐忍与坚强在采访的亲历者身上，感受尤其明显。**

时年108岁的韩灿如参与过1945年日军在南京的受降工作，受访时，他是当时在世的、有此经历的两位抗战老兵之一。采访那天，韩老身体已很虚弱，需要家人搀扶才能走动，但说到当年收缴投降日军兵器和战备物资的经历，依旧很激动，有些画面描述，甚至生动如电影。

导演戴诚娴、摄像黄日华和抗战老兵韩灿如（左三）及其家人

　　亲历过七七事变的老人郑福来拉着外籍嘉宾主持人顾若鹏教授的手，在36摄氏度高温和太阳暴晒下的卢沟桥上，对我们说："**今天有国外的历史教授来，我不用休息，我想给你们多讲讲。**"

摄制组携外籍主持人、剑桥大学教授顾若鹏采访卢沟桥事变亲历者郑福来（摄制组摄于中国北京卢沟桥）

我能感受到，比起物质支持，老人们更渴望的是将记忆留在世上。把战争的真相和前人的经历，留给更年轻的朋友，提醒和平的来之不易，以供未来索引。算上新中国审判，对于涉及10座城市前后耗时10年多的中国审判来说，纪录片里所能呈现的人和事都只是这场特殊历史背景下的审判图景中极为有限的一角。这一角一角的探寻，只会越来越艰难，记录的需求却越来越紧迫。2020年6月24日，我收到关爱抗战老兵重庆志愿者王纯的短信，韩灿如爷爷，走了。

# 第七章
# 良知救赎

大久野岛是一个面积只有70公顷的小岛，位于日本濑户内海之中，距离本州岛广岛市120公里，从忠海港乘船仅10分钟就可以抵达。如今的大久野岛以兔子闻名，吸引大量游客来此观光。但第二次世界大战期间，这里却是一座极为秘密的孤岛。日本政府甚至故意把这座小岛从地图上抹去。这是为什么？它在日本侵略战争中扮演着怎样的角色？

## ○ 齐齐哈尔市的"神秘毒气弹"

2003年8月4日凌晨，中国齐齐哈尔市一个工地的挖掘机在施工时，挖出5个金属罐，其中一个被当场挖破，导致罐内油状溶剂外泄，44人受到不同程度的感染，其中一人抢救无效死亡。短短一年后，在齐齐哈尔昂昂溪区，一名村民在铲地基时，竟然挖掘出了一个大规模的化学炮弹弹坑。

原沈阳军区负责人：

> 现在这个弹坑，肯定比52枚要多，我们预计在500枚左右，（一种是）75的，一种是90的，一种是105的，（是）毒气弹。

这些炮弹为什么会在这里？是谁留下来的？它们为什么会如此恐怖，至今还能夺人性命呢？

《亚太战争审判》全纪实

## 从地图上"抹"去的大久野岛——毒气生产地

几乎没有人知道,曾经的大久野岛是日本最大的化学毒气生产工厂所在地,被称为"毒气岛"。面积只有70公顷的日本大久野岛,大部分都是山地,利于军事隐蔽。自中日甲午战争以来,大久野岛及其附近海域就一直是重要的军事要塞。曾经的发电厂供毒气工厂使用,会被遮盖,防止当时的人看到。

山内正之(日本大久野岛毒气历史研究所事务局局长):

> 看不到的,是被树掩盖起来的。岛上种了很高的树,利用树来遮掩。在大久野岛制造的毒气被运到中国,作为武器去杀中国人。

日本大久野岛毒气历史研究所事务局局长山内正之,从事大久野岛的毒气研究长达40余年。在过去的10年时间里,他总共登岛1 200多次,志愿为大家讲解大久野岛的历史,平均每3天就要登岛一次。毫不夸张地说,他是最了解大久野岛的人。

**短视频1:**
探访日本大久野岛毒气工厂遗迹

山内正之(日本大久野岛毒气历史研究所事务局局长):

> 这里是大久野岛毒气工厂最大的贮藏库,可以储存多达600吨的化学毒气。左右两边都有3间房,总共6间房,每间可以储存100吨毒气。贮藏库储存着芥子气、路易氏毒气这样的剧毒气体,战争结束以后这里还剩下许多毒气。该如何处置剩余的毒

气？美军登岛后，把这里的毒气装到船上运到太平洋上沉掉了。

如今，这个贮藏库只剩下残垣断壁，但仍能想象当时毒气工厂生产的规模。战后，美军占领大久野岛并用高射火焰枪焚烧了这个贮藏库，墙上炭黑色的斑驳提醒着人们那段黑暗的历史。

1929年，日本陆军在大久野岛建立忠海兵器制造所，1931年正式投产。在大久野岛上的毒气资料馆中，至今还保存着两张地图。

1931年地图上印有大久野岛（摄制组摄于日本大久野岛毒气资料馆）

1938年地图上大久野岛被人为抹去（摄制组摄于日本大久野岛毒气资料馆）

　　　　　　　　　　　　　　　　《亚太战争审判》全纪实

第一张绘制于1931年，当时，大久野岛还完好地保留在濑户内海中。第二张地图制作于1938年，右上角大久野岛完全被人为地抹去了。为了保证毒气工厂不被外界所知，日本政府有意地将它从地图上抹去。

短视频2：
日本政府是如何将大久野岛从地图上抹去的？

山内正之（日本大久野岛毒气历史研究所事务局局长）：

> 大久野岛从1929年开始制造毒气。在工厂里工作的人都出现异样，比如脸变得乌黑，并且开始咳嗽。所以，慢慢地大家明白这个工厂在制造很不好的东西，但是绝对不能说出来。如果在这里工作的人回去说给别人听，不只是泄密的人，连听的人都会受到惩罚，所以是要绝对保密的，就算是夫妻也不能说。

大久野岛上生产的主要是糜烂性的芥子气、呕吐性的二苯氰胂、窒息性的光气。按照弹筒颜色分为黄筒、红筒、蓝筒，以便士兵使用时不会混淆。从1931年到1945年的14年间，大久野岛共生产各种毒剂超过6 600吨。到日本投降时，留在日本本土的毒剂还有3 600多吨，那么剩下的3 000多吨毒气都去了哪里？

## 日本陆军习志野学校——培养化学战人员

1984年，已故日本学者粟屋宪太郎在美国国家档案馆中发现了一份重要的证据文件——《七七事变以来化学战例证集》。这本70页的小册子出版于1942年4月，里面详细地列出了56例在中国战场使用毒气的案例。这个战例集的署名是日本陆军习志野学校，这是一个什么样的学校，为什么要编撰这样的战例集呢？

　　和田千代子女士是日本ABC（A、B、C分别是核武器、细菌武器或生物武器、化学武器的英文词语首字母）企画委员会会长，是为数不多的还能够找到习志野学校旧址的日本人。从东京市区出发，开车两个小时就可以抵达习志野。1933年8月，日本陆军在东京千叶县津田町建立习志野学校，专门培训从事化学战人员，以及使用化学武器的高级将领。当年占地相当大的学校，大部分已经被拆除，周围

日本习志野学校旧址（摄制组摄于日本东京千叶县）

建立起了整齐的公务员宿舍。经过和田千代子的指引，摄制组终于找到了习志野学校的旧址，然而大门紧锁，无法进入。几经辗转，摄制组才终于进入了这个长满荒草、不为人知的习志野学校内部。

和田千代子（日本ABC企画委员会会长）：

这里曾经是排气塔所在地，后面是实验塔所在地。实验塔曾经就是进行化学实验的地方，如今变成住宅地。无论什么时候来，这里都是寸草不生的状态。别的地方都长了很高的草，但这里却长不出。所以我推测地下还有一些特殊的物质存在。

如今，来到这里的人们还能看到80年前习志野学校建立时的石门，供战马喝水的水槽，以及学校的残垣断壁。然而，周围已经没有任何一点信息可以证明习志野学校的存在。

日本习志野学校旧址上实验塔所在地寸草不生（摄制组摄于日本东京千叶县）

短视频3：
独家探访日本陆军习志野学校

和田千代子（日本 ABC 企画委员会会长）：

日本陆军在习志野建立学校进行毒气研究和训练。为了实施毒气战，日本陆军建立习志野学校，培训学员并研制毒气。这里训练好的学员将被派遣到中国战场教授普通士兵如何使用化学武器。

高晓燕（黑龙江省社会科学院历史研究所研究员）：

为什么叫习志野，它（日本）想掩盖培养化学战人员的性质，所以用了一个地名，大家也不知道这是个什么性质的学校。

如今在日本国立公文书馆内，我们还能找到一些关于习志野学校的相关信息：陆军习志野学校第一任校长中岛今朝吾，也就是后来南京大屠杀中日本第十六师团师团长，南京大屠杀的主要责任人之一。此后，习志野历任校长多为军队中颇有资历和地位的军官，且很多是日本化学战的主要设计者和执行者，他们都是日军化学部队的创始人。

高晓燕（黑龙江省社会科学院历史研究所研究员）：

它（习志野学校）从 1933 年开始建立一直到 1945 年，培养了大概 4 万多名化学战的指挥员。大部分都派到中国，在中国战场上发挥了很大作用。

七七事变后，全面侵华战争打响。在中国战场，日军遭受到中国军队的顽强抵抗。为了取得战争的胜利，日军同时派出了多支化学武器部队，包括野战毒瓦斯中队、迫击大队、第一军野战瓦斯队本部、野战化学实验部等。

为了确保在短时间内赢得胜利，裕仁天皇的叔叔，参谋总长闲院宫载仁亲王在 1937 年至 1938 年间，下达了多项大陆指、大陆命，指示华北方面军为确保占领地区的稳定"可使用红筒"，并标明使用方法："尽量与烟混合使用"，确保"不遗留痕迹"。

王选（上海交通大学东京审判研究中心研究员）：

> 大陆指是参谋本部发布的命令，这个命令是经过天皇同意的，因为它（参谋本部）不能擅自发布作战命令。大陆命就是天皇直接发布的作战命令。大陆指、大陆命就是天皇的命令。

**短视频4：**
档案显示，日本天皇的叔叔竟然亲自下令使用化学武器

## ○ 武汉会战——日军战场上使用化学武器

随着日军侵略中国的深入，日军使用化学武器的规模和频率大大增加。1938年6月，武汉战役打响。武汉是日军垂涎已久的战略要地，因为它的地理位置非常重要。武汉扼守长江水路要道，东连南京、上海，西接重庆、成都。武汉亦是陆上南北交通枢纽，国民党第五、第九战区部队在武汉外围，沿长江南北两岸部兵。

国民党军第九战区司令长官陈诚在回忆录中详细地记述日军在武汉战役中使用毒气的情况："武汉会战……敌人惯用的长技就是施放毒气，我们既无防毒装备，又不能以毒攻毒，最后的结果只能是撤退。"

1938年武汉会战后，华中派遣军司令部向日本大本营提交了一份《武汉攻略战化学战实施报告》。报告中指明日军第二军、第十一军使用毒气攻击中国军队多达375次以上，成功率约为80%。

王选（上海交通大学东京审判研究中心研究员）：

> 武汉会战是第一次全面大规模地使用（化学武器），所以（日军）要总结。中国军队抵抗非常顽强。日军处于非常恶劣的地

理条件，他们在山下，中国军队在庐山山上。（日军）只有用化学武器，烟雾才可以攻击到中国军队。用常规武器，中国军队在掩护阵地里，（日军）是没有办法打下来的。所有关键战斗中，日军都是使用，而且是大量地使用化学武器，有上千枚的化学炮弹。所以没有化学武器的实施，打不下来的。

针对日军在中国战场上大规模地使用毒气的现象，国际社会也予以强烈的谴责。1938年9月29日，国联召开会议明确地谴责日军在武汉会战中大规模使用化学武器的举动，并强烈建议中立国在中国战场搜集日军使用化学毒气的证据。

事实上，早在1925年，国际社会就签订了禁止使用化学武器的《日内瓦议定书》。大规模地使用杀伤性化学武器是被国际社会明令禁止的，日本作为签约国，为什么还要使用化学武器？

高晓燕（黑龙江省社会科学院历史研究所研究员）：

它（日本）叫签字国，虽然后来政府没有正式批准。但是日本政府在国际社会上一直表现的是反对化学武器、反对大规模杀伤性武器的姿态。阳着一面说反对，背地里却在使用。它（日本政府）希望通过这个秘密武器达到它所谓的速胜目的。

## ○ 北疃惨案——日军对平民使用化学毒气

日军是如何贯彻这些指令的？

日军不仅在战场上对军人使用毒气，对手无寸铁的平民也使用化学毒气。在河北省北疃村有1 000多名平民，包括妇女和儿童，遭受到了日本化学武器的屠杀。河北省定州市距离北京300多公里。七七事变爆发之后，这里很快被日军攻陷。中国共产党在河北、山西、察哈尔一带建立第一块敌后抗日根据地——晋察冀革命根据地。智慧的根据地村民创造性地利用有利地形，发明了用地道作战的方式,在敌后给日军造成巨大的麻烦。

1942年5月27日,为打击八路军作战力量,日本陆军第一一○师团第一六三联队于清晨从定县县城出发向南扫荡。日军与八路军展开战斗,并逐渐包围了北疃村。

李钦友(北疃惨案幸存者):

咱们是一个老根据地。定县县委、县政府全在北疃村里。后来被人(叛徒)报(出卖)了,一下子被包围了。

李钦友是北疃惨案的幸存者之一,2019年拍摄时84岁。当年惨案发生时,他只有6岁。另外一名幸存者李庆祥,2019年拍摄时93岁,惨案发生时,他15岁。北疃惨案最后还健在的两位老人,讲述了北疃惨案的经过。70多年后,他们仍然记得日军施放毒气、屠杀平民的场景。

李庆祥(北疃惨案幸存者):

一说日本人来了,谁不怕啊,见人就杀,谁不怕啊?

李钦友(北疃惨案幸存者):

上午8点就开始打,600多人,他们有机枪,一下子包围了南疃和北疃这一带。打到下午1点多,县大队开始钻地道。日本人拿着毒气,一个箱子,一打冒烟就放到洞里了。

李庆祥(北疃惨案幸存者):

一放毒气,里头一闻到味道,就出不来气了,别说(多难受)了。东西南北都不知道,里面漆黑一片,什么也看不见。

李钦友(北疃惨案幸存者):

我的母亲双目失明，双眼看不见。我父亲商量说你们先出去吧，他们（日本人）不能打你们，（我母亲）一出来不久就被开枪打到腿，打死了。我母亲把我的脸上抹上血，她始终抱着我歪在那里，日本人以为我们死了。我父亲和我祖父后来没出来，他们还敢出来啊？一看这种情况，出来没好了，井口两边都是日本军，（出来的人）都被枪打死了。

李庆祥（北疃惨案幸存者）：

我跟着我母亲，还抱着一个小妹妹。我的小兄弟，他闻见（毒气）受不了，他就跑。我15岁了，拽着两个，我没拽住他，他就往回跑，跑到角落被挤住了，就挤在那里（地道），被毒死在那里。我手里的妹妹，她8岁了，她说哥哥，我走不了了，你们走吧。光说又看不见，我怎么顾得着她。我一出去，她就死在那儿了。

短视频5：
北疃惨案幸存者回忆惨案始末

即使是77年后，李庆祥老人仍然无法忘记那天的场景，至今后悔自己放开了妹妹的手。

为了纪念在北疃惨案中牺牲的战士和平民，战后这里修建了北疃村烈士陵园。烈士陵园的墓碑上，详细地记述着北疃惨案发生的经过，以及日军使用毒气的经过。北疃村以及周边村庄共有1 000多人遇难，村中120余户居民有24户被灭门。

高晓燕（黑龙江省社会科学院历史研究所研究员）：

北疃村是一个典型的案例。除了在战场上使用化学武器，在敌后百姓中间也用化学毒剂来杀害无辜的平民百姓,这更令人发指。

自从20世纪80年代起,陆续有日本友人来到北疃村表达歉意并真诚地反省日军的暴行。照片中的纪念本中,清楚地记录了过去20年中,日本友人来到北疃烈士陵园参观后的感言,以及为烈士陵园捐款的数额。

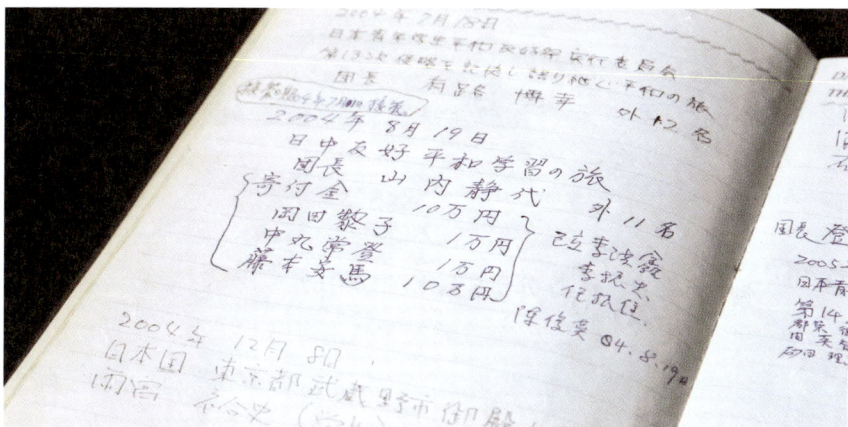

日本友人为北疃村捐款记录(摄制组摄于中国河北省定州市)

这张照片拍摄于2004年,照片上的两位老人年龄相仿,左边是李庆祥老人,而照片的右边是一位从日本广岛竹原县来的藤本安马。两位年纪相仿的老人是否有着相似的人生境遇?

在北疃村,李庆祥(左)与日本大久野岛毒气工厂工人藤本安马见面(北疃惨案幸存者李庆祥提供)

在日本广岛竹原县，摄制组见到了时年94岁高龄的藤本安马。

1941年，太平洋战争爆发后，日本全国进入"战时体制"。日本政府发布"征用令"，大量15至19岁的青年人被征用到毒气工厂做工。藤本安马就是在1941年被征召进入大久野岛进行毒气弹生产。当时的藤本还是一个15岁的少年。

短视频6：
大久野岛毒气工厂工人藤本安马回忆工厂生产场景

藤本安马（前大久野岛毒气工厂工人）：

1943年8月举行毕业典礼，这是我们当年的毕业照，所有1943年毕业的人都在这里，（毕业照上的人）几乎都去世了，现在只有6个人活着。

藤本安马毕业照（藤本安马提供）

从小受到军国主义思想蛊惑的藤本安马一开始还以能够进入军工厂工作感到自豪，但工厂内部的工作环境已经完全超出藤本的想象。工厂24小时马不停蹄地生产,让这个岛完全沉浸在毒气之中。

藤本安马(前大久野岛毒气工厂工人):

> 氰酸气体是无嗅无味的。即使穿了全套防毒服,毒气也会从衣服的缝隙中渗透进来。一旦吸入,人会立即死亡,一下子就倒下,口吐白沫而亡。

毒气慢慢侵入人体的呼吸道和消化道,给藤本安马的身体带来终身的损伤。2003年,藤本长了恶性淋巴瘤,并且诊断为胃癌晚期。他在广岛大学附属医院接受了胃部全摘除手术。如今的藤本,几乎没法进水,一天只能靠一块小面包维持。

与藤本有着相似经历的人还有很多。战后,广岛大学附属医院接收了一大批曾经在大久野岛毒气工厂工作的工人,他们一直在和病魔做斗争。

2004年,78岁的藤本来到北疃村。他见到了李庆祥和李钦友。藤本听他们的故事,向他们谢罪。

藤本安马(前大久野岛毒气工厂工人):

> 我在证词上说,为了杀害中国人,我制造了毒气。我们是加害者,是罪犯。李庆祥说,你是被迫制造毒气的,也是受害者。我们同为被害者,要让加害者谢罪并赔偿,并让加害者保证不再挑起战争。

藤本安马是这么说的,也是这么做的。在6个还健在的大久野岛毒气工人中,藤本是唯一一个愿意直面揭露日本罪行的当事人。1990年,日本政府要求拆除大久野岛发电厂以及所有与毒气工厂相关的建筑。藤本安马联合周边民众10万人集体上书反对,如今大久野岛上的发电厂被保留了下来。

生产、制造、使用大规模化学武器是被国际条约明令禁止的战争罪行。国民政府在战后又是如何审理这一战争罪行的呢?

1945年1月,国民政府得到一份重要的证据文件,如今这份文件被保存在位于南京的中国第二历史档案馆中。这份证据是重庆日军战俘营在日本战俘中征集而来的。3名日本军人证明日军第三十九师团二三一联队在1944年湖北作战时对中国军队使用了瓦斯毒气。根据这份证据,武汉军事法庭在1946年11月审理了梶浦银次郎案。

短视频7:
一份珍贵档案成为战后指认日本战犯的
重要证据

刘统(上海交通大学人文学院历史系教授):

梶浦银次郎在审判的时候坚决地否认。我们从两方面指证:第一,以日本军人的证词,就是他部下的证词;第二,就是从战报里找到这几个使用毒气的点,认定就是梶浦银次郎的师团。两方面的罪证一对,最后给梶浦银次郎定罪判刑。武汉军事法庭最终于1947年11月30日做出判决:由于作战期间共同使用毒气,判处战犯梶浦银次郎无期徒刑。

这是国民政府审判审理的唯一一起使用毒气的案件。9年后的新中国审判也将毒气使用列入审判之中,北疃惨案当事人李德祥等人在沈阳法庭出庭作证,指认时任日本陆军一六三联队联队长上坂胜在北疃村使用化学毒气杀害平民。上坂胜最终被判处18年有期徒刑。

战后,中日学者共同整理侵华日军使用毒气的资料,其中有确切时间、地点及造成伤害的记录多达1 800例,使用地点遍及中国的19个省区,共造成中国军民20多万人伤亡。

在中国战场上,对中国军队以及平民大规模地使用化学武器是反人类的罪行,这些罪行通过战后审判被揭露出来。

## ○ 上海龙华侨民集中营

很难想象,反人类罪行不仅在村庄中上演,在上海这样的国际大都市也发生过。

1987年圣诞节,由斯皮尔伯格执导的电影《太阳帝国》在全美公映。影片在上海取景拍摄,讲述太平战争爆发以后,一个生活在上海的英国小男孩辗转日军侨民集中营挣扎生活的故事。这部电影上映后,获得当年年度奥斯卡奖6项提名,并在全球最终获得6 600万美元的票房收入。但很少有人知道,这部电影是根据英国小说家詹姆士·巴拉德的亲身经历编写而成。1943年至1945年,他被日本人囚禁在位于上海的龙华集中营。

上海自开埠以来,一直是一个国际化程度很高的城市。二战前的上海是全球第六大城市、中国最繁忙的贸易港口。20世纪30年代,即使在世界经济疲软的形势下,上海仍承担着当时中国50%的进口和35%的出口贸易,并表现出高速增长的态势,这吸引了大批外国人来此淘金。东西方文化交织在一起的上海又被称为"冒险家的乐园"。1940年前后,在上海的外国人数量为15万,到达顶峰。他们居住在公共租界、法租界以及日本人的生活区中。

高纲博文(日本大学通信教育部教授):

> 上海是代表中国的现代化都市。太平洋战争时期,上海成为被关注的焦点。为了促进贸易,多国政府在上海设立租界,上海的特征就是非常安全,并且安保设施完备。随着战争的扩大,无论人还是资金都涌向上海。即便在战争时期,上海仍然保持着繁荣。

1941年12月7日，日本偷袭美国在夏威夷的军事基地，短短几个小时后，1941年12月8日凌晨4时，在上海的《密勒氏评论报》的主编鲍威尔被窗外传来的巨大爆炸声惊醒。位于上海福州路的红色大楼是鲍威尔在中国居住了25年的地方，现在这里是一个法庭。鲍威尔在1941年12月8日早晨听到窗外传来的巨响。作为媒体人，他敏感地穿好衣服跑到外面，他看到黄浦江上燃烧起熊熊大火。

鲍威尔在书中写道，在黄浦江上停靠的英国炮艇海燕号燃烧起熊熊大火。在那一刻，鲍威尔清醒地知道："自1842年以来存在将近一个世纪的国际性城市上海，再也不像从前那么安全了。"

早在太平洋战争前一个月，日本政府外务省就已经制定好对待敌国侨民的政策方针：对于在中国的敌国人，"应置于帝国军队的监视之下……应对有可能被编入军队以及其他有可能于我有害的敌国人予以拘留"。

按照外务省的要求，日本将仍滞留在上海的外国侨民登记备案，并投入到上海各地10余个敌国侨民集中营中。在1941—1945年的上海地图上，可以清楚地看到这些集中营的分布。据不完全统计，截至1944年9月底，共有6 200多名外籍侨民被关押。被关押者，年龄最小的为6个月，最大的为88岁。

在上海，仍能找到一些战时集中营的旧址。位于上海西南部的上海中学，是上海最为知名的中学之一。然而，很少有人知道，在1943年，这里曾经是浦西最大的外侨集中营——龙华集中营。《太阳帝国》小说的作者詹姆士·巴拉德就曾被关在这里。

**短视频8：**
上海中学二战时竟是关押侨民战俘的集中营

施朗诺（上海中学国际部历史老师）：

1937年，这里是一个战场，很多战时的建筑已经被毁，但还是保留了一些。之后，日军借助这个地方作为堡垒。直到1943年，这里成为龙华集中营，10个外国侨民集中营中的一个。这里是F楼。

上海中学如今仍保留着4栋龙华集中营旧址（摄制组摄于上海中学）

根据施朗诺老师的研究，目前上海中学内仍保留着4栋战时建筑，D楼、E楼、F楼和大礼堂，在战时都是拘押侨民家庭的。集中营中有学校、食堂、集中供水点，侨民们有严格、固定的作息时间表，自给自足。

原龙华集中营的侨民白丽诗，现在居住在虹口区的一栋老式公寓内。白丽诗1933年出生在上海，她的父亲约翰·巴尔是苏格兰人，在教会学校教书，母亲罗丝·巴尔是美国人，随着美国基督教女青年会来到中国。她与爸爸、妈妈还有哥哥迪克住在上海，战前的生活平静美好，直到1941年的12月8日的到来。1943年4月10日，白丽诗一家被一辆大车运到位于上海市郊区的龙华集中营，没有人知道这趟旅程会持续2年半的时间。

白丽诗（龙华集中营侨民）：

在集中营中生活还是比较井井有条的。我们有学校，就像一个小城市。我们有组织，每天早上我们都要被点名，就像犯人点名一样。我们站在自家门口，狱警会来点名。每间房间都有一个负责人，他要喊，站好了。然后我们就在门口站好，日本人就来点名。

随着战争的升级，集中营面临着缺少食物和水的困境，即使是一个小伤口，由于缺乏营养和药品也会变成威胁生命的大病。白丽诗的哥哥迪克患上严重的营养不良，白丽诗和爸爸也患上了痢疾。

白丽诗（龙华集中营侨民）：

我哥哥的情况更糟糕一些，他比我大两岁，他的手指坏了，总是长不好，他一直待在集中营的医院里。

短视频9：
龙华集中营幸存者白丽诗回忆集中营中生活

1946年11月14日，上海军事法庭对大寺敏、本田同两人提起公诉。经过控辩双方几轮答辩，多位证人出庭指证，上海军事法庭最终判处大寺敏、本田同3年半以及4年有期徒刑。长达2万字的《判决书》充分运用国际法和国内法，对日军的罪行进行详细的论证并作出合理的判决。

刘统（上海交通大学人文学院历史系教授）：

中国法庭当时接受了这些涉外案件的审理，最大的审理就是对侨民集中营的审理。在案件的审理过程中，上海法庭的法官和检察官下了很大功夫。最成功的一点就是我们的法官已经跟国际法接轨，把反人类罪、国际公法和国内法相结合。

从1945年12月北平法庭设立起，到1949年4月国防部法庭撤销为止，国民政府在3年多的时间内共设立10处军事法庭，共逮捕日本战犯2 259名，受理案件2 200余件，判处死刑者139人，判处无期或有期徒刑350余人，判处358人无罪或不起诉。

这无疑是中国历史上规模最大的战争审判，然而，70多年前的审判对于我们又意味着什么？

2019年，北疃村重新翻修北疃烈士陵园，希望后人不要遗忘历史。李庆祥老人总会来这里走走看看，虽然他早已不是那个15岁的淘气少年。

在广岛，94岁的藤本安马至今依然能清楚地记得制造毒气的化学方程式：

> 我要记住这些化学方程式，因为这就是加害中国的证据。

虽然在战时有着悲惨的回忆，白丽诗说她仍爱着上海，这里是她的"家"。她的哥哥战后却再也没有回到上海。

**短视频10：**
**战争中没有胜利者，誓以法律维护世界和平**

2019年8月6日，广岛举行令和元年第一次原子弹爆炸纪念活动。和平纪念碑前永恒的长明火为战争中消失的生命而燃烧，来自世界各地的游客来到这里，纪念的目的只有一个——祈祷世界和平。因为对于战争中的人们来说，每个人或多或少都是战争的受害者。

# 在战争中，每个人都是受害者

敖　雪

**"在战争中，每个人都是受害者**。"这句话，我放在了《良知救赎》这一集节目的结尾，也是我作为导演在拍完纪录片后最大的感受。

《良知救赎》展现的主题是侵华战争期间，日军在中国战场犯下的反人类罪行。此前，我对此话题知之甚少。在此，特别感谢上海交通大学东京审判研究中心主任程兆奇教授，专家王选，上海交通大学历史系刘统教授以及我们的主持人英国剑桥大学顾若鹏教授。正是在他们大量的学术研究的基础上，才有了今天我们看到的这集节目。

### 北疃惨案当天发生了什么？

和英国主持人顾若鹏第一次出差，我们一起去了河北省定州市北疃村。2019年5月底，当我们来到这里时，华北平原上的冬小麦将

英国主持人顾若鹏在北疃村采访（摄制组摄于中国河北省定州市）

要成熟，到处都洒满了金色的光辉。然而，77年前的5月27日，这里却是名副其实的"人间地狱"。

七七事变后不久，中国共产党在这里建立了第一个敌后抗日革命根据地——晋察冀抗日根据地。为了铲除敌后抗日武装，日军曾多次对根据地军民使用化学毒气。平民死伤规模最大的一次就是发生在北疃村的北疃惨案，1 000多名平民被屠杀。**这次来到北疃村，就是想要采访70多年前北疃惨案中还健在的幸存者之一——李庆祥。**

为了尽快掌握拍摄情况，我们提前一天来到北疃村。见到时年93岁的李庆祥老人时，他斩钉截铁地拒绝了我们的采访。"不要采访我，我写了一份材料，你们看材料就好了。"无论我们怎么劝说，老人都不肯跟我们说当时的故事，这使我愁眉不展。我知道，对于李庆祥老人的采访是抢救性的，如果失去了这次机会，可能会成为终身的遗憾。

第二天，当我们带着主持人顾若鹏再次来到北疃村的时候，没想到李庆祥老人已经坐在村口等了我们很久。但见了面，老人还是倔强地不肯接受采访。英国主持人顾若鹏在李老家的沙发上坐了下来，试图和他聊聊，没想到就这样聊着聊着，爷爷的话匣子就打开了。

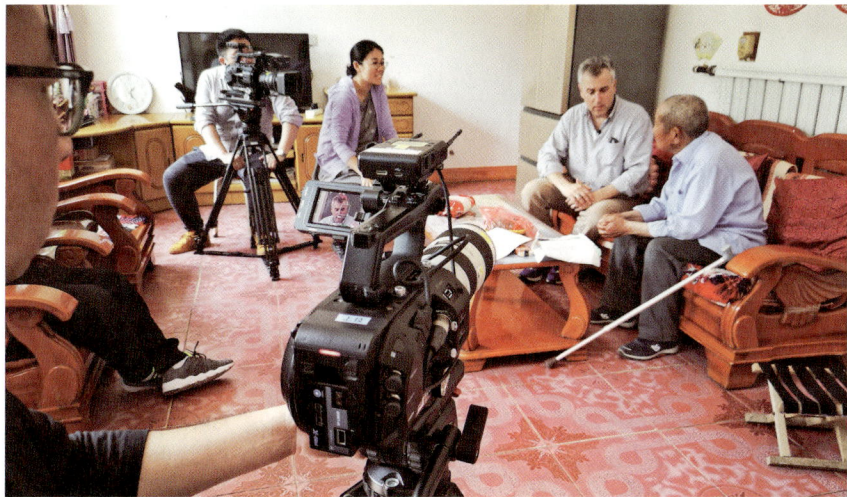

导演敖雪与英国主持人顾若鹏
在河北省定州市北疃村采访北疃惨案幸存者李庆祥

我问:"爷爷,那天在地道里到底发生了什么?"

爷爷说,他想起了毒气的味道,想起了弟弟闻到毒气后在地道里迷路的样子,想起了他年仅8岁的妹妹。

爷爷停了停,说:"我的妹妹她8岁了,她说,哥哥我走不动了,你们走吧。"爷爷说完,眼泪就流下来了。

**对于15岁的少年来说,没有抓住妹妹的手,就意味着永别。**

我妹妹说 哥你走吧 我走不了了

北疃惨案幸存者李庆祥回忆惨案当天的情景(摄制组摄于中国河北省定州市)

虽然没有经历过战争,但我和顾若鹏都能感受到爷爷当时的无助、懊悔以及失去亲人的痛苦。即使过去了近80年,这种痛苦仍藏在心底,不曾遗忘。

**战争中,人的生命如蝼蚁,要多么坚强才能够忍受与家人离别的痛苦并顽强地活着。战争给中华民族带来的伤害就反映在这一个个家庭的不幸上。**

临走前,我反复安慰爷爷,希望他别再继续难过。李庆祥老人如我们来时站在村口,挥手向我们道别,就这样目送了我们很久。

战时的日本,为什么会不顾国际公约的约束而对军民大规模地使用化学武器呢?这些毒气是从哪里生产出来的?又是如何被运用到侵华战场上的呢?带着这些疑问,我们登上了去日本的飞机。

生产化学武器的"毒气岛"在哪里？

2019年日本的夏天，酷暑难耐，白天最高温度达到了37摄氏度。8点钟，一大早，我们约好了山内正之老师在广岛忠海港码头见面。**对于我们来说，大久野岛是一个充满了秘密的小岛，而对于山内老师来说，这是一个再熟悉不过的小岛了。**

山内正之是日本大久野岛毒气历史研究所事务局局长。在过去40多年的时间里，他一直在记录、研究大久野岛的历史，同时为想要了解历史真相的人提供无偿的讲解服务。可以毫不夸张地说他是最了解大久野岛历史的人。

山内正之向记者介绍，毒气工厂前面的空地至今寸草不生（摄制组摄于日本广岛）

总面积70公顷的小岛，徒步一圈只需要40分钟。如今的大久野岛以兔子闻名，来自世界各地的游客边走边逛就能发现90多年前建造的发电厂和毒气贮藏库等遗迹。山内老师向我们介绍，1931年，大久野岛毒气工厂建成投产后，每天24小时不间断地生产。在这里生产的毒剂有糜烂性的芥子气、呕吐性的二苯氰胂、窒息性的光气等。在毒气工厂成立的12年时间里，共生产了各种毒剂6 600多吨。

二战末期，日本政府预感战败大局已定，偷偷地把大量毒剂就地掩埋。美军登岛后，仍发现了大量还没来得及处理的毒剂，美军将这些毒剂装上船沉到了太平洋底。

大久野岛上的毒气贮藏库如今被荒草掩盖，战时，这个贮藏库可贮存多达600吨的化学毒剂（摄制组摄于日本大久野岛）

**讽刺的是，如今这个岛已经"转型"成一个休闲度假的小岛。** 8月暑假里，这个小岛上唯一的一家度假酒店客房被预订一空。殊不知，这个度假酒店就建在毒气工厂的废墟上，至今，岛上仍没有可食用的饮用水，所有酒店需要的水都要从岛外运输进来。

大久野岛如今是旅游胜地，很多家庭会来度假，但很少有人知道这个岛的历史（摄制组摄于日本大久野岛）

### 是"加害者",更是"受害者"

在广岛,我们约好了另外一位采访嘉宾藤本安马。我们是从李庆祥老人家里的一张照片中认识藤本安马的。2004年,一群日本人来到了北疃村,这次不是为了占领这里,而是为了谢罪,真诚地表达歉意。当时李庆祥与藤本安马两位老人留下了一张珍贵的合影。

在广岛见到藤本,是在经历了差不多两个月的联系后。从山内正之老师那里得到了藤本安马的电话,我们就立刻打过去了。但好几次电话都不通,老人没有手机,只有家里的联系方式。就这样我们陆陆续续跟踪联系了近一个月,终于打通了藤本家的电话。在说明了来意后,藤本安马接受了我们的采访。后来,我们才得知,藤本之前生病进了医院,刚刚痊愈回家。

在广岛竹原县采访大久野岛毒气工厂工人藤本安马(摄制组摄于日本广岛竹原县)

**我们觉得我们必须立即出发采访藤本安马。**

1941年,年仅15岁的藤本安马听老师说,去大久野岛上的军工厂做工,不仅能学到知识,还能挣钱。听到自己敬爱的老师这么说,藤本安马毫不犹豫地报名。当时能在军工厂工作是一件光荣的事情,然而,大久野岛的工作环境却远远超出了藤本的想象,藤本亲眼

毒气工厂招收的女工
Women workers of Gas Factory

战争后期，大久野岛毒气工厂招收了大量女工进行毒气生产和搬运工作（大久野岛毒气资料馆提供）

看到因吸入毒气而当场毙命的工人。到了战争后期，大量女工也被征召入厂，制造可以杀死中国人的毒气。

即使穿了防护服，毒气还是会慢慢侵入身体，给藤本安马的身体造成了巨大的伤害。2003年，藤本身上长了恶性淋巴瘤，胃癌晚期，整个胃部都被切除。现在藤本几乎不能喝水，一天只能吃一块小面包维持生活。就是在这种情况下，他仍然坚持完成了我们近一个小时的采访。

虽然天气很热，但当我们提出要拍摄一些老人的空镜头时，藤本毫不犹豫地答应了。午后，当我们再次来到藤本家，他已经穿戴整齐等着我们了。时年94岁的藤本很爱树，他说："我可以去修剪一下我的树。"当我们提议帮他搬梯子的时候，他说："不用了，我可以自己来。"一个长梯，年轻的摄像想要单独搬动都要费些力气，但是藤本自己搬动了。**藤本笑着说："我希望能再多活几年，这样就可以将大久野岛那段黑暗的历史告诉更多的人。"**

6个还健在的大久野岛毒气工人之中，藤本安马是唯一一个愿意站出来承认战争罪行的人。

战后，广岛大学附属医院接收了很多像藤本一样曾经在毒气岛工作过的人，他们都不同程度地忍受着毒气带来的危害，终身生活在痛苦之中。

藤本在采访中回忆在北疃村与李庆祥见面的情形，藤本说："我制造的毒气杀死了中国人，我是罪犯，李庆祥却说：'你们也是被逼的，你也是战争的受害者。'"就这样，两个经历了战争苦痛的老人的手紧紧地握在了一起。

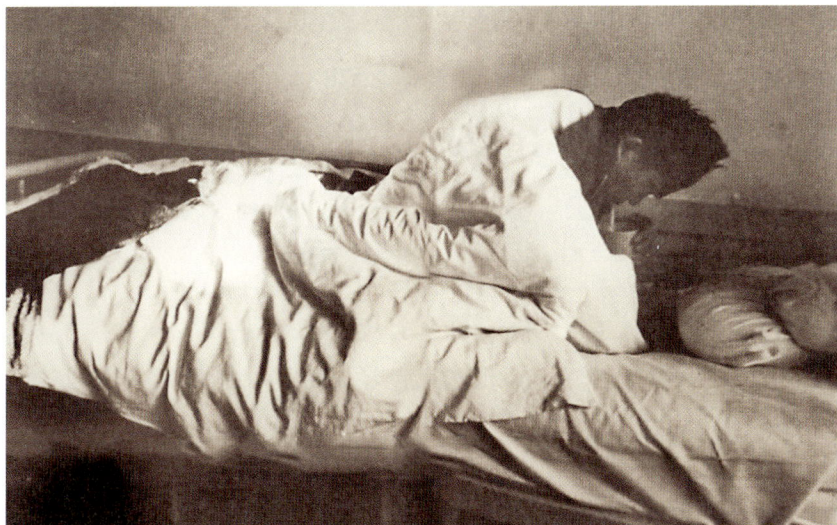

曾经在大久野岛毒气工厂工作的工人终身受到毒气的危害（大久野岛毒气资料馆提供）

**在采访中我发现，不仅是"受害国"，"加害国"中的人民也深受战争的侵害。**藤本以及曾经在大久野岛上工作的工人们就是一个很好的例子。承认错误是艰难的，能真诚地道歉是需要勇气的，哪怕多活一天也要把事实真相告诉更多人的藤本是值得被尊敬的。

2016年，笔者曾经为了拍摄《东京审判2》来到日本。3年后，当我们再次来到日本，深刻地感受到了日本右翼势力在增强：当年还愿意接受采访的教授，2019年不再愿意面对我们的镜头；日本靖国神社旁的游就馆里面依旧陈列着歪曲历史、美化侵略的言辞；民间反战

摄制组与藤本安马合影（拍摄于日本广岛竹原县）

活动举行的条件越发苛刻，很多公共场所被禁止组织与揭露战争罪行有关的一切活动。我们感恩，还有很多像藤本安马、山内正之、和田千代子一样的日本友人们还坚持发声，正是由于他们的坚守让我们还有机会看到战争的本质。

当我们经历了70多年的积淀，当我们重新认识那段历史，我想到的不只是书上一板一眼的文字，而是一个个鲜活的、被战争改变了命运的人。如果没有战争，藤本以及大久野岛的工人们不会一生与病痛作伴；如果没有战争，李庆祥应该会和妹妹一起变老……

没有战争，这是全世界人们的祈愿，也是我们纪录片想要传达的理念，因为，"在战争中，每个人都是受害者"。

# 第八章
# 人性召唤

北海道是日本第二大岛，也是广受欢迎的旅行目的地。不为人所熟知的是北海道的丰富矿产资源，尤其是煤，储量占日本全国的五成。76年前一批中国劳工被强征至北海道明治矿业所开挖煤矿，山东高密人刘连仁就是其中之一。他曾藏身山野14年，后被当地猎人发现，最后乘坐"白山丸"号回到中国。是谁帮助他回到阔别多年的祖国？

矢崎光晴是日中友好协会事务局局长，打开他的相册，里面珍藏了许多关于父亲矢崎新二的记忆，其中有一张矢崎新二和刘连仁的合影。71年前，矢崎新二曾作为二战战犯被关押在中国抚顺，是怎样的机缘让战犯和被强征的劳工同框合影？

## ○ 苏联到中国——移交日本战犯

为加快日本投降的步伐，1945年8月9日，苏联加入对日作战，大约150万人出兵中国东北地区，他们的目标是盘踞在中国与朝鲜半岛多年的日本关东军。1945年8月15日正午12点，日本宣布无条件投降。

当时向苏联军队投降的日本关东军大约有60万人，他们被分批转移至西伯利亚无人区从事强制劳动。在西伯利亚的冰天雪地中，日本战俘佐藤清用画笔记录当时的生活，疲劳、严寒、饥饿、疾病和死亡始终围绕着他们。在西伯利亚度过整整5个年头后，活着回家是这些日本战俘们的奢望。

1949 年 12 月，一辆列车从北京秘密启程。这是毛泽东在中华人民共和国成立之后的首次出访外国，目的地是莫斯科。此行的目的是与苏联签订全新的外交条约，苏联政府还甄别出一部分曾在侵华战争中犯下严重罪行的日本战俘，移交给中华人民共和国政府。

1950 年 7 月下旬，大约 1 000 名日本战俘乘坐火车从苏联转移到中国东北的抚顺市。这是一次绝密行动，运送战俘的列车窗户完全被遮盖住，他们没有人知道将要去哪里，很多战俘都很害怕。

当年中方参与移交的工作人员大多相继离世。几经辗转，我们联络到时年 91 岁的赵毓英。71 年前，20 岁的赵毓英作为护士，与包括警卫、翻译在内的 100 余名工作人员前往绥芬河参与日本战俘的接收工作。

赵毓英（前抚顺战犯管理所护士）：

> 苏联用的闷罐车，到了绥芬河以后，打开车厢，他们都跳下车来。将官还穿着将官的衣服，还有的留着仁丹胡。看起来好像雄赳赳的，实质来说他们有些胆颤，有些害怕，跳下火车以后汗流浃背，非常狼狈。

这批 1 000 余名战俘秘密移交工作的目的地是抚顺战犯管理所。抚顺战犯管理所占地 40 余亩，1936 年由日本人建造，曾经是一所关押、屠杀中国抗战军民的监狱。为了接收苏联移交的日本战俘，中国政府在经济条件极度匮乏的情况下对这所监狱进行改建，增建锅炉房、礼堂、理发室、医务室，并增设暖气设备。

此时，距离抚顺 1 300 公里外的太原关押着 140 名日本战俘，他们因在日本战败后加入国民党军队，在 1949 年太原解放战中被中国人民解放军俘虏。在中国人民公安大学的离休教授刘林生的带领下，摄制组找到当年太原战犯管理所的所在地，这里在成为战犯管理所之前曾是关押中国抗战志士的集中营，刘林生的父亲刘侵霄曾是集中营的幸存者。

太原战犯管理所旧址（摄制组摄于中国山西太原）

刘林生（中国人民公安大学教授）：

到1949年，把阎锡山国民党部队打败以后，解放军俘虏了大批的日本战犯，当时就关押在这个院子里。房子是通体的，原来是阎锡山部队的炮兵部队的马厩。

**短视频1：**
探访抚顺和太原战犯管理所旧址

## ○ 从闹监到学习——人道化管理下的转变

西伯利亚5年的遭遇加之被遣返回日本的希望落空之后，抚顺和太原管理所内的战俘们内心极为不安，50%以上的战俘都患有高血压。种种复杂的情绪在监舍内弥漫，一场意料之外的冲突即将爆发。

赵毓英（原抚顺战犯管理所护士）：

他们非常嚣张，来了以后贴的告示，他们一看，底下落款是战犯。他们不干了，就说他们不是战犯，是战俘。为了这个事儿，他们闹得挺厉害，有的甚至从墙上撕下来扔在地下用脚踩。

藤田茂，1889年生于日本广岛，1911年毕业于日本陆军士官学校，在侵华的7年里，他在中国山西、河北、山东等地实行"烧光、杀光、抢光"的"三光"政策。1945年在朝鲜被俘时担任日本陆军第五十九师团中将师团长，是当时被关押在中国的日本最高级别将领之一。在抚顺留着仁丹胡的藤田茂是此次"战犯与战俘之争"的挑起者，他叫嚣着："我们是忠于天皇的军人。我和诸位都是奉天皇陛下旨意来中国维持秩序，所以，我们不是战犯，而是战俘。"

1945年8月，在伦敦签订的《欧洲国际军事法庭宪章》中，曾对战犯做过明确定义：无论是战时或非战时，对平民的伤害是界定战犯与战俘的重要区别。被中国关押的这批日本战俘，全都有在非战争状态下伤害中国平民的行为，属于战犯。抚顺战犯管理所的管教人员用国际法有力地回应了这些战犯。

**短视频2：**
抚顺战犯管理所内"战犯与战俘之争"

由于长期的侵华战争和国共内战，中国正处于百废待兴、经济资源极度匮乏的年代。中国政府仍按照国际惯例，根据这些战犯原本军中的级别，分为大、中、小灶三种待遇。与此同时，还在抚顺和太原实行人道化管理。

1944年，24岁的高桥哲郎在中国工作时被征召入伍。

高桥哲郎（已故抚顺战犯管理所日本战犯）：

我们从小都被教育，天皇就是神，战争也是为了天皇而打。只要天皇命令作战，无论是去哪里，日本国民都必须去。大家从小都有这种责任感，这些都明确写在明治天皇颁布的教育诏书中。当时国内都在渲染这种气氛，征召令虽然是一张纸，但代表绝对权力。

1950年高桥哲郎和其他日本战犯一起，被送往中国抚顺战犯管理所。

高桥哲郎（已故抚顺战犯管理所日本战犯）：

西伯利亚是地狱，中国抚顺的生活好得多，仿佛是天堂。从早到晚都是自由的，饭能吃饱，没有强制劳动，可以理发、洗澡，生活和西伯利亚完全不一样。

不过这些日本战犯仍与管教人员对抗。这些油画都是由日本战犯熊谷清根据自己在战犯管理所内的生活创作的，其中有这样一幅场景：战犯故意将米饭混入泥土，制作棋子和麻将，浪费粮食。

日本战犯熊谷清画作（《罪行与宽待：原日本战犯反省绘画集》）

一场战争的爆发让闹监行为达到顶点。1950年6月25日，朝鲜战争爆发，数月后美国政府派兵越过"三八线"，直逼中朝边境。应朝鲜政府的请求，中国作出"抗美援朝、保家卫国"的决策。在被关押的这群日本战犯看来，中国羸弱且贫穷，与美国对抗就像是飞蛾扑火。一旦美国在朝鲜战场上战胜中国，他们就会被释放送回日本，对此他们充满了期待。中国人民志愿军联合朝鲜人民军在朝鲜战争初期将美军击退至釜山，打破了日本战犯们的幻想。

　　石田隆至（日本明治学院大学国际和平研究所研究员）：

　　　　日本人开始歧视或者说将中国人作为比自己要低一等的人群对待，主要是在第一次中日战争之后产生的。将中国人视为蝼蚁，伤害他们也不会在意。所以在战时觉得无论是杀掉中国人还是对他们做其他残忍的事情，根本不会有罪恶感。

　　伴随着中方在生活和管理方面给予的人道主义待遇和耐心教育及感化，加之抗美援朝战争的胜利带来前所未有的震撼与冲击，日本战犯的心理逐渐发生转变。有的战犯开始要求学习，希望进一步了

日本战犯在战犯管理所中学习（中央新闻纪录电影制片厂提供）

解中国。管教们认为他们的好奇心是一件好事，因此改造了学习室，提供了国际法著作和毛泽东的理论作品等大量书籍。几个中文较好的战犯，还编写了中日词典供大家使用。有些书籍给日本战犯们留下了深刻的印象，在改造过程中起到了很大的作用。

**短视频3：**
日本战犯在中方人道对待及耐心教育下心理逐渐发生转变

石田隆至（日本明治学院大学国际和平研究所研究员）：

战犯们对其中写的一些想法与观点也是非常惊讶的。如果对《论持久战》的内容进行概括，就是对于日本军队只能采取游击战的策略。之前日军非常看不起游击战的作战方式，日本战犯在书中才知道这是中国军队在分析战情后刻意做出的战略，所以非常惊讶，恍然大悟。战犯们读完这本书后，他们渐渐察觉，这种"持久战"并非只是在战争中，对于日本战犯的改造，中国也使用了"持久战"做法。

金源是当时管理所的管教科员，在他的回忆录里，他是这么形容藤田茂的：藤田茂出生于祖宗三代武士家庭，从小受到军国主义教育，长大后成为天皇忠实的将领，是武士道精神继承者的活样板。这样一位推行"三光"政策的刽子手也在学习。金源在书中回忆藤田茂的自述："学习不是强迫的，可以看自己喜欢的书。我决定，为了不虚度时间，读过去未曾读过的政治经济学方面的书。通过学习经济学和日本近代史，我清楚地看到了发动侵略战争的原因和战争的性质。学习过程中，我回顾自己的前半生，感到良心的谴责。经过多方面的学习，渐渐地省悟到我们的对华战争是一场彻头彻尾的侵略战争。"

## ○ 侦讯日本战犯——最终相继认罪

通过中华人民共和国特别军事法庭审判这些日本战犯是必然的，但是中国政府仍然在考虑审判的方式和时机。早在1948年11月12日，远东国际军事法庭对25名日本A级战犯日本进行宣判。

审判现场，威廉·韦伯（远东国际军事法庭庭长）作出宣判：

> 远东国际军事法庭现在将根据起诉书上的罪状，宣布对每一名被告的定罪裁决。战犯土肥原贤二、广田弘毅、板垣征四郎、木村兵太郎、松井石根、东条英机，根据最终的判决，远东国际军事法庭判处你绞刑。

远东国际军事法庭11国法官合影（美国国家档案馆提供）

作为国民政府派出的代表，中国法官梅汝璈见证了这场长达两年半的世纪审判。东京审判闭庭4年后，梅汝璈作为新中国政府的特别顾问在北京开设了特殊的一堂课，内容是关于国际法庭审判程序、律师和检察官的职责等问题。王石林也参加了梅汝璈法官1953年的那次秘密授课。

2019年5月,摄制组前往山西太原拜访已年过九旬的王石林,他曾经全程参与侦讯日本战犯工作,退休前他在山西省人民检察院工作。

王石林(摄制组摄于中国山西太原)

王石林(山西省人民检察院原检察官):

　　在北京真武庙学习,跟我们说任务是要参加侦讯日本战犯! 中华人民共和国成立不久,来侦讯日本战犯,有一定的荣誉感。但是同时也有不同的想法,我们对日本战犯侵略中国、实行"三光"政策、烧杀掠夺恨之入骨。侦讯工作或是预审工作,如果存在个人情绪,就很难达到公正、公平,带有个人情绪,容易犯错误。所以这个工作,既神圣,又很重要。

1954年,王石林带着复杂的心情和其他近300名东北工作团成员抵达抚顺和太原两地的战犯管理所,他们的到来意味着新中国政府对日本战犯的侦讯调查工作正式开始。

王石林(山西省人民检察院原检察官):

　　侦讯调查工作经过从对抗、不承认犯罪到对话再到认罪三个过程。侦讯过程中也遇到了一些困难,像富永顺太郎,中国话

说得相当好。按规定我们必须经过翻译，他在翻译的过程中就
有时间考虑如何对待。

短视频4：
东北工作团成员王石林老人回忆当年艰辛
的日本战犯侦讯工作

1954年3月，东北工作团到达抚顺战犯管理所10天后，东北工作
团主任李甫山把所有的日本战犯召集在一起，向他们宣读中国政府
的政策——坦白从宽，抗拒从严。

石田隆至（日本明治学院大学国际和平研究所研究员）：

由于当时的学习，战犯们认识到日本军队在中国的行径就
是侵略。在1954年3月对他们的要求是，写下他们每个人具体
在中国都做了些什么。如果写下来，那就说明是个人的问题。
当然如果写得越多，罪名可能就更重，这样就会受到处罚，就有
可能再也回不了国，会被处死。（对于自己的行为）到底写什么，
哪些不写，战犯们陷入纠结的情绪中，寝食难安，心情逐渐开始
烦躁。对于自己做了什么一个字都不敢写，带着这种情绪，他们
过了数天、数周。

动员大会后不久的一天，一位名叫宫崎弘的三十九师团少尉走
上抚顺战犯管理所的室外礼堂，他用4个小时的时间讲述自己在中
国犯下的罪行。

石田隆至（日本明治学院大学国际和平研究所研究员）：

为了进行对少年兵的训练（服役一年），为了让他们锻炼胆
量，让他们习惯杀人，就用中国的农民和俘虏做成活靶子，让少

年兵用枪刀刺死他们。要说出这些内容并不容易，而宫崎在坦白自己的罪行后，告诉所有人自己会接受任何惩罚。

深受宫崎弘认罪的影响，高桥哲郎在管理所内也写下自己的认罪笔供。他写道："1944年6月中旬，在一家房舍内喝止住一位年约35岁的农民，不问缘由便用斧头将他的头砍成两半，最后我就这样丢下他离开。"

高桥哲郎（已故抚顺战犯管理所日本战犯）：

随便抓一些无辜的村民当训练的靶子，这种现象在日本每个军队里随处可见，是日本军队进行训练的固定形式。

西尾克己（已故抚顺战犯管理所日本战犯）：

我的长官掏出手枪杀了其中一个人，一枪毙命。之后长官说："西尾！那个人你来！"我从未开过枪，第一枪打在肚子上，第二枪打在脸上，把他杀了。即使现在午夜梦回时，依旧会浑身是汗地惊醒。

美利坚大学历史系教授贾斯汀·雅各布是研究中国近现代史的专家。在对日本侵华战争的研究过程中，他发现了许多记载当年这些日本战犯罪行的档案。

贾斯汀·雅各布（美利坚大学历史系教授）：

谈起日本战犯的所作所为会让你不寒而栗，他们会把孕妇的肚子切开，然后把胎儿取出来。他们中的一些人是医生，用活人做人体实验，切开他们的喉咙，血液喷得满地都是，最后再杀死他们。这都是一些难以想象的行径，通常只会发生在恐怖电影和最惊悚的噩梦中。

1954年的战犯管理所里,大部分尉级以下的军官相继认罪,两个多月的时间里,东北工作团共收到4 000多份材料,揭发14 000多条罪行。

在中国中央档案馆里保存着当年战犯的笔供,在藤田茂的笔供中,他曾这样描述自己到中国时所下的命令:"我对军队全体教官说,为使士兵习惯于战场,杀人是快的方法,其实就是练胆。对此,使用俘虏比较好,刺杀比枪杀有效。"

短视频5:
抚顺战犯管理所内的日本战犯相继认罪

## ○ 史无前例的审判——人道主义的延续

1954年底,新中国政府针对日本战犯近8个月的侦讯工作基本结束。如何处理这些战犯被正式提上日程。1955年2月,26岁的助理检察官王石林与众多参与侦讯日本战犯的工作人员一起秘密集中于北京香山卧佛寺。

对日本战犯如何甄选、怎样量刑,是摆在中国检察官面前的最大难题。1955年9月,中国检察官第一次向中央政府提交了日本战犯的审判名单与量刑建议。

王石林(山西省人民检察院原检察官):

当时我们在卧佛寺写起诉书的时候,(认为)定的要判刑的都构成死刑。

就在这时,检察官们接到了中央政府周恩来总理的意见:"对战犯一个也不判无期徒刑,判有期徒刑的也是极少数。"

王石林(山西省人民检察院原检察官):

在思想上有点想不通，全部杀了都不足以平民愤。总理说，这一千多人都杀了，能不能平民愤？所以，放回去，做一些对国际有益的工作不好吗？

贾斯汀·雅各布（美利坚大学历史系教授）：

所有BC级审判都带有政治动机，在二战结束的头几年里，普通百姓情绪高涨，政府要让百姓看到政府是在捍卫国家权益，惩罚那些无恶不作的战犯，特别是那些臭名昭著的战犯，就像东条英机、纳粹党最高领导人，他们都受到了最严厉的审判，最后的判决都是无期徒刑或死刑。但当那些人数众多的无名小卒受审时，出于政治动机的考量，他们受到越来越宽容的对待。

早在1948年，"冷战"大幕已经在欧洲和亚洲拉开。1952年4月26日，日本海上警备队正式成立。在这支部队中，98%以上的士官都曾经是旧日本海军。

贾斯汀·雅各布（美利坚大学历史系教授）：

20世纪50年代中日还未建交。如何才能得到日本和平人士的支持，（周恩来总理）认为有一个方法就是向日本表示善意。对于这些关押在中国的日本战犯，如果给他们宽大的判决，让他们认识到自己的罪恶行径，是中国政府帮助他们洗心革面，他们对中国就不会有敌视。他们回到日本，发声告诉其他日本民众他们在中国的邪恶行径、犯下的那些战争罪行，这样日本民众才能知道日军在中国的所作所为。

**短视频6：**
新中国政府为什么要宽待这些日本战犯？

1956年的新中国法制建设刚刚起步,实施具有国际意义的审判困难重重。

季卫东(上海交通大学日本研究中心主任):

> 当时的法律依据主要是第一届全国人民代表大会常务委员会第三十四次会议,在1956年4月25日作出的一个决定,是专门针对审理日本侵略中国战争期间的战争犯罪分子的一个决定。这个案件是在远东国际军事法庭审判的延长线上,所以当然要继续采取相关的程序、标准,在这个意义上来说,《远东国际军事法庭宪章》还有相关的国际法也是案件审理的法律依据。除此之外还有国家的政策,当时关于处理日本战犯的政策有区别重罪犯人和轻罪犯人,有把惩治和教育结合起来的政策,特别强调人道主义的做法。

决定特别要求军事法庭使用的语言和文件,应该用被告人所了解的语言文字进行翻译。被告人可以自行辩护,或者聘请中华人民共和国司法机关登记的律师为其辩护。

季卫东(上海交通大学日本研究中心主任):

> 东京审判特别强调被告的辩护权,在沈阳、太原的审判活动中依然坚持这个原则。这个过程中有一些特点是中国特有的,比如公诉人的公诉书一般来说直接送给法院,但是在沈阳、太原审理案件的期间,每一个被告都接到了公诉书。另外,组织各界代表旁听案件审理的做法,也具有中国特色。

这曾经是一家两层小楼的电影院,当地人称为北陵电影院。1956年6月至7月,中华人民共和国在这座位于沈阳的小楼里,就战争罪行审判36名日本战犯。1956年6月至7月,两场对日本战犯的审判分别在太原和沈阳举行,最后被起诉的一共有45名日本战犯。

沈阳审判日本战犯法庭旧址陈列馆（摄制组摄于中国辽宁省沈阳市）

起诉的根据是他们在战争中犯下的严重战争罪行。这两场审判的目的是听取和记录受害者的证词，让这些日本战犯认罪和忏悔。历时40余天的审判，检方共请出159名证人出庭作证。

周化祯（沈阳审判证人）：

（日本人）用又细又尖的竹签子刺我的阴道，他们刺的时候4个人，2个人抓住我的胳膊，2个人踩住我的大腿，使我躺在地上呈一个"大"字形。

中国"末代皇帝"溥仪以证人的身份指证伪满洲总务厅次长古海忠之：

（我）当日本帝国主义的走狗，伪满洲国的皇帝。伪满的时候，根本上我没有实权，统治和支配伪满实权的是谁呢？就是伪总务长官武部六藏和他的辅佐者伪总务厅次长古海忠之，就是他。

根据东北工作团20世纪50年代的调查，光太原和抚顺的日本战犯就残害了大约80万中国民众，还掠夺了大量的自然矿产资源。

上坂胜被苏联军队俘虏时任陆军第五十九师步兵第五十三旅少将旅长。他在笔供中写道，1942年5月27日，在冀中作战中，"我指使第一大队杀害了八路军战士和居民达800人以上，使用'赤筒'和'绿筒'的毒气，向逃入很多居民的地道里投掷毒气，以致他们窒息"。这就是后来人们所说的北疃惨案。

1939年4月，藤田茂在山西安邑县制造上段村惨案，百余人被他的部队刺死或推入水井淹死。当年惨案的幸存者张葡萄当庭作证。

张葡萄（上段村惨案幸存者、沈阳法庭证人）：

又从我怀里夺走4岁的女孩，砍死扔到井里。

法庭上，藤田茂当庭表示认罪：

我命令把村庄里剩下的居民集中在一起用刺刀刺杀他们，对于拒绝集合的村民就放火烧他们。

在国民政府和其他国家的BC级战罪法庭中，日本战犯很少承认自己的罪行。但在1956年中华人民共和国特别军事法庭上，每一个日本战犯无一不承认自己的罪行。

王石林（山西省人民检察院原检察官）：

我们国家独立行使主权以后，侦讯日本战犯，审判日本战犯，全部认罪，也是史无前例的。

战犯藤田茂自供书（中国中央档案馆提供）

战犯上坂胜自供书（中国中央档案馆提供）

内海爱子（日本大阪经济法科学院教授）：

中华人民共和国的战罪审判，不是一味地追求死刑或者有期徒刑，而是让那些战犯面对自己所犯下的罪行反省、忏悔。如何让那些若无其事犯下罪恶的人回归人性，这是非常了不得的，这是美国审判、荷兰审判等其他国家BC级审判所未达成的。

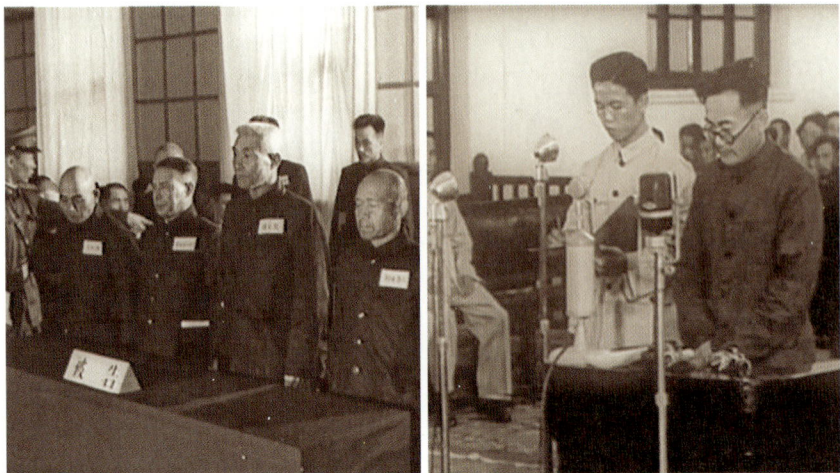

日本战犯受审图片（中央新闻纪录电影制片厂提供）

　　1956年7月20日，对于45名日本战犯4个案件的两场审判全部结束，最高刑期20年，最低为8年。特别军事法庭根据中华人民共和国全国人民代表大会常务委员会的决议，对其余1 017名本应起诉的日本战犯进行处理，对于罪行较轻的或在关押期间悔罪表现较好的战犯，特别军事法庭决定对未受审的战犯免于起诉，释放回国。

1956年新中国审判判决书（中国中央档案馆提供）

短视频8：
受审的日本战犯在新中国法庭上史无前例的全员认罪

## ○ 获释日本战犯回国——传播反思战争的声音

1956年7月，获释的第一批日本战犯，乘船离开中国，回到日本。然而，对于所有日本战犯来说，回到日本不是终点，他们新的人生才刚刚开始。

一年之后，被中国政府宽释的日本战犯在东京集会，宣布成立中国归还者联络会（简称"中归联"），所有归国日本战犯全部加入中归联。日本陆军原第五十九师团中将师团长，曾被中国政府关押的军衔级别最高的日本战犯藤田茂，被选举为中归联第一任会长。中归联成员回到故乡之后，受到日本社会的歧视。

石田隆至，日本明治学院大学国际和平研究所研究员，目前在大连理工大学任教并开展对中归联的研究。早在2006年，石田隆至在研究中结识多位中归联成员，并对他们进行了持续多年的采访。

石田隆至（日本明治学院大学国际和平研究所研究员）：

他们回国以后才发现自己已经离开日本15年了。他们要面对找工作、结婚这样的问题。当时的日本，经济处于不景气的复苏期，本来三十多近四十岁的人找工作就是很困难的事情，更别说他们是从新中国那边回来的战犯，别人会认为他们是被共产主义洗脑的危险人物。为了找工作，他们吃尽了苦头。

短视频9：
由战犯组成的中国归还者联络会成立

在石田隆至看来，一千余名中归联成员面对的最大挑战，来自日本曾经参与过侵华战争但是从未反省过的庞大群体。

石田隆至（日本明治学院大学国际和平研究所研究员）：

日本战败后，受审过的A级战犯却成了内阁总理大臣；80年代时曾任总理大臣的中曾根康弘以参拜靖国神社的方式传达关于战争时代的价值观。二战时的战争价值观没有改变，就这样延续下来。该如何反省呢？被害者是谁？全社会讨论并反省这些问题的机会，至今都未曾有过。

中归联成员矢崎新二（右）与刘连仁（左）
（日中友好协会提供）

即使遭遇到如此大的阻力，中归联成员还是在日本各地讲述战争真相，为呼吁中日和平而奔走。在反对修改《和平宪法》、公开731部队细菌试验暴行以及对日本右翼否认南京大屠杀言论提出抗议的重要活动中，每一次都有中归联成员的身影。其中，包括护送中国被强征劳工刘连仁回国。20世纪90年代初，刘连仁作为被强征劳工赴日状告日本政府，中归联成员矢崎新二也去了法庭现场旁听庭审，这才有了这张合影。

矢崎光晴（日本战犯矢崎新二之子）：

他们一个是加害者，（另一个）刘先生是被害者。虽然我父亲不是直接带走刘先生的人，刘先生还是高兴地与他握手，这个画面我永远不会忘记。我觉得这是刘先生对我父亲的一种信

赖，他信赖的是我父亲对
自己所作所为进行反省，
之后也一直到处进行举证
活动。

在矢崎光晴很小的时候，
父亲就带着他参加各种反战活
动，持续数十年，从不间断。在
父亲的影响下，矢崎光晴选择
加入日中友好协会，并在这里
工作超过30个年头。

矢崎光晴（日本战犯矢崎
新二之子）：

中国归还者联络会成员抗议日本政府修
改教科书（日中友好协会提供）

日中友好协会为日本对中国的侵略进行反省，还发起了防止
战争再次发生的"不再战和平运动"，另外将中国的文化介绍给
日本民众。通过这种方式让日本民众对中国产生亲近感，促进
日中友好。

中归联成员的后代也在继承着父辈们的遗志。日中友好协会发
起"中国百科检定"的活动，希望让更多日本人了解中国。

矢崎光晴（日本战犯矢崎新二之子）：

日本对中国的报道偏向性比较严重，问题也很多，所以我们
希望能够让人们客观地了解真实的中国。

**短视频10：**
不惧当时日本社会的各种阻力，中归联成
员在日本各地讲述战争真相

随着时间的推移,当年的中归联成员相继离世。

高桥哲郎(已故抚顺战犯管理所日本战犯):

日军残害2 000万中国人民是事实,侵略者犯下了实实在在的侵略罪行,我亲眼看到这些事实。

西尾克己(已故抚顺战犯管理所日本战犯):

靖国神社里还供奉着A级战犯东条英机,真的是什么人都放进靖国神社,我感到很愤怒。

战争结束已经过去70余年,这些反思战争的声音或许逐渐消逝,但是绝不能缺席。正如日本前首相鸠山由纪夫所言:

日本政府只有展现一些正确对待历史真相的态度,向亚洲各国传达更真实的信息,日本才能建立起全新良好的日中友好关系。

# 一场开创未来的战争审判

宣福荣

话说，一开始我是负责英国审判相关内容的导演，后来稍作调整才成为1956年新中国审判的导演。与之前研究英国审判相比，我发现新中国审判的相关材料、影像资料及领域内的研究专家少之又少，很多材料还属机密，尚未解密。另外，与其他二战后各国对日本战犯审判非常不同的是，受审的日本战犯无一例死刑，刑期最高也只有20年。

导演宣福荣阅读的部分书籍和材料

**这些在侵华战争中无恶不作的"魔鬼",为何受到如此宽待?** 带着巨大的问号,我投身到《人性召唤》纪录片的摄制中。

这次我们有幸邀请到英国剑桥大学亚洲与中东研究学院的教授,《从人到鬼,从鬼到人:日本战争罪行与中国审判》的作者顾若鹏担任主持人,在短短的两周时间内,摄制组前往河北定州、山西太原、辽宁沈阳、抚顺和大连,探访了当年关押这些战犯的抚顺战犯管理所、现在湮没在建材市场的太原战犯管理所以及沈阳法庭的旧址。

为了还原当年的历史,摄制组在全国范围内寻找当年的亲历者,这也是此次《亚太战争审判》各位导演都会遇到的难题。70余年过去,亲历者大多过了鲐背之年,我搜集之前的相关报道,罗列了一张之前接受过采访的人员名单,动用一切能动用的资源逐一联系。刚开始的几天尤其绝望,许多老人已经辞世,还有的由于疾病卧床多年。我心中充满懊恼,如果能早点接触到这样的选题,说不定能够记录下这些亲历者宝贵的回忆。

英国剑桥大学教授顾若鹏随后人探访太原战犯管理所旧址(摄制组摄于中国山西省太原市)

2019年3月的一个清晨,事情发生转机。抚顺战犯管理所前所长侯桂花老师打来电话,告诉我她联络了之前抚顺战犯管理所的赵毓英护士,和家人商量后,身患癌症的她仍决定接受我们的采访。赵护士全程参与了日本战犯的移交和改造工作,她曾经说过一句话让我难以忘怀,"当年一起工作的老伙计都不在了,只要我还能说话,我就得把当时发生的事情原原本本地告诉你们,这是我应该做

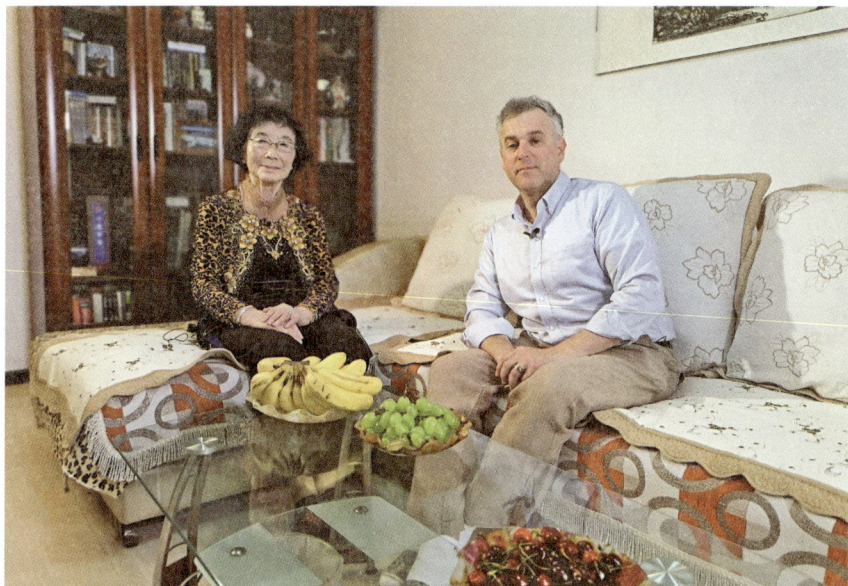

英国剑桥大学教授顾若鹏采访赵毓英（摄制组摄于中国辽宁省抚顺市）

的事情"。这可能也是赵毓英生前最后一次接受采访，2020年10月12日，她永远地离开了我们。

时年91岁的赵毓英回忆当年引渡、改造这批日本战犯那段不为人知的历史。1949年12月，一辆列车从北京秘密启程。这是毛泽东在中华人民共和国成立之后的首次出访，目的地是莫斯科。此行的目的是与苏联签订全新的外交条约，同时苏联政府还甄别出部分曾在侵华战争中犯下严重罪行的日本战俘，移交给中华人民共和国政府。1950年7月下旬，大约1 000名日本战俘乘坐火车从苏联秘密转移到抚顺战犯管理所。当时中国正处于物资匮乏、经济有待振兴的年代，中国政府仍按照国际惯例，根据这些战犯原本军中的级别，分为大、中、小灶三种待遇。与此同时，还在战犯管理所实行人道主义管理。

这批战犯中，有出生武士家庭，在山西、河北、山东等地实行"烧光、杀光、抢光""三光"政策的陆军师团长藤田茂，对平民使用毒气、北疃惨案的始作俑者上坂胜。据统计，光当年那批关押的日本战犯就残害了大约80万中国民众。

抚顺战犯管理所旧址航拍（摄制组摄于中国辽宁省抚顺市）

抚顺战犯管理所正门（摄制组摄于中国辽宁省抚顺市）

　　随着中方在生活、管理方面给予的人道主义待遇和耐心教育，加之抗美援朝战争胜利带来前所未有的震撼与冲击，这些日本战犯从刚入狱时的气焰嚣张，到后来渴望学习，想进一步了解中国，管教们为此改造了学习室，提供了国际法和毛泽东著作等大量书籍。几个中文较好的战犯，还编写了中日词典，供大家使用。这些书籍给日本战犯们留下了深刻的印象,在改造过程中起到了很大的作用。

我们采访的另外一位亲历者是王石林老人,他曾全程参与日本战犯的侦讯工作。通过审讯及证据搜集,许多日本高级将领都在他的面前低头认罪。拍摄前我通过山西省人民检察院离休干部处,想联系王老进行采访,多次联系无果。在摄制组动身前往太原的前夜,我抱着试一试的心态再次联系了离休干部处的吴定奎处长,他告诉我之前由于王老的爱人腿受伤了,家里实在走不开,近来爱人病情好转,可以接受我们的采访。备受焦虑折磨的我可算松了一口气,放下电话立马和摄制组及拍摄对象调整拍摄方案,最终在太原审判原址现山西饭店完成了王石林老人的采访。王石林老人回忆了当时在审判前,检察官们在写起诉书的时候认为这些战犯都构成死刑,但是周恩来总理的一次指示改变了历史,"对战犯一个也不判无期徒刑。判有期徒刑的也是极少数"。

英国剑桥大学教授顾若鹏在太原审判原址采访王石林(摄制组摄于中国山西省太原市)

为了搞清新中国政府当年这个决定的意义，我采访了美利坚大学历史系教授贾斯汀·雅各布，他也是少有的研究新中国审判的国际专家。当时恰巧《东京审判2》在美国国家档案馆进行展映，美利坚大学和美国国家档案馆又都在华盛顿，所以在展映间隙，我兼职摄像，于感恩节之际在空无一人的美利坚大学校园内完成雅各布教授的采访。

导演宣福荣兼职摄像在美利坚大学双机位采访贾斯汀·雅各布教授（摄制组摄于美国华盛顿）

通过他的阐述，揭示了新中国领导人在当时的特定国际局势下所作出的艰难抉择。他指出："20世纪50年代中日还未建交。中国如何才能得到日本和平人士的支持，周恩来总理认为有一个方法就是向日本表示善意。对于这些关押在中国的日本战犯，如果给他们宽大的判决，让他们认识到自己的罪恶行径，是中国政府帮助他们洗心革面，他们对中国就不会有敌视。他们回到日本，发声告诉其他日本民众他们在中国的邪恶行径、犯下的那些战争罪行，这样日本民众才能知道日军在中国的所作所为。"

回望过去，1956年的新中国审判不是一个句号。日本大阪经济法科学院教授内海爱子表示，中华人民共和国的战罪审判不是一味地追求死刑或者有期徒刑，而是让那些战犯面对自己所犯下的罪行反省、忏悔。如何让那些"魔鬼"回归人性，这是非常了不得的，这是其他亚太战争审判所未达成的。这些战犯回国之后，组成了中国归还者联络会，中归联成员顶着巨大的社会压力在日本各地讲述战争真相，为呼吁中日和平而奔走。在反对修改《和平宪法》、公开731部队细菌试验暴行以及对日本右翼否认南京大屠杀言论提出抗议的重要活动中，每一次都有中归联成员的身影，为日后的中日建交奠定基础。

　　纪录片制作初期，对于如何用中立、平和的国际视角还原这段历史，我的内心是很忐忑的，庆幸的是得到很多专家、教授、相关机构的工作人员及同仁的鼎力相助。一开始萦绕在我心头的疑问，也在《人性召唤》这集纪录片制作完成后得到了解答：对战犯的宽大是为了让他们回到日本，让更多人知道这段历史。**这和我们做这个系列的初衷不谋而合，回望不是为了清算，而是为了更好地正视历史，面向未来，维护人类和世界的和平。**

日本战犯在抚顺战犯管理所捐赠的"向抗日殉难烈士谢罪碑"（摄制组摄于中国辽宁省抚顺市）

# 后　记

## 一场跨越千山万水追寻真相的征程
### ——大型系列纪录片《亚太战争审判》创作纪实

总导演　陈亦楠

2020年9月3日是中国人民抗日战争暨世界反法西斯战争胜利75周年纪念日，当晚八集系列纪录片《亚太战争审判》在东方卫视播出，创下同时段全国卫视收视率第一。

《亚太战争审判》的诞生要追溯到6年前的2015年，彼时正值世界反法西斯战争胜利70周年。我至今仍然清晰地记得那一天，当我

纪录片《亚太战争审判》海报（油画作者：李斌）

《亚太战争审判》导演组

（左起：王芳、朱雯佳、王静雯、敖雪、陈亦楠、戴诚娴、俞洁、宣福荣）

们在上海交通大学东京审判研究中心主任程兆奇教授的办公室里表示要做一部关于《东京审判》的纪录片时，治学严谨又真性情的程教授郑重地告诉我们："如果你们只是为了应景，就不要来找我了，今年的媒体一拥而上，我简直应接不暇。"在说话的同时，他还在电话里直接拒绝了一家纸媒的采访。程教授的高要求激发了我们更要做好这部片子的欲望，我们几位女导演，几乎翻遍了当时东京审判研究中心出版的所有学术书籍。当我们带着做好密密麻麻笔记和贴着标签的大部头书，再次登门拜访时，程教授欣然答应了做纪录片的总顾问。

也是在那年，我认识了已故的高文彬、张培基老先生，向隆万教授夫妇、梅小侃、梅小璈和倪乃先老师，作为东京审判中国代表团的亲历者及后人，他们身上的智慧、风骨和情怀深深感染着我。遥记在当年的人间四月天，我带着摄制组和向老夫妇赴美国华盛顿和纽约进行高强度拍摄。每天晚上，我的双腿都因水肿而疼痛不已，而70多岁的两位老人丝毫没有半点怨言。我们在美国国家档案馆里，采集70多年前，美军记者拍摄的东京审判庭审影像。当我用圆珠笔撬开存放着16毫米胶片的生锈铁盒时，仿佛打开了一扇历史之门。我们在放映机上看到了向先生父亲向哲濬，他以中国检察官的身份在法庭上用英语做着慷慨陈词，这种感觉就像是跨越时空的心灵对话，非常神奇。向老师很激动，但他又十分克制地看完了这段影像，因为他千里迢迢就是为了一睹年轻时的父亲。我当时暗自下定决心：一定要把这段鲜为人知的历史，告诉更多的今天的人们。

摄制组与东京审判中国检察官向哲濬之子向隆万在美国国家档案馆查阅庭审纸质目录（蒋馥摄）

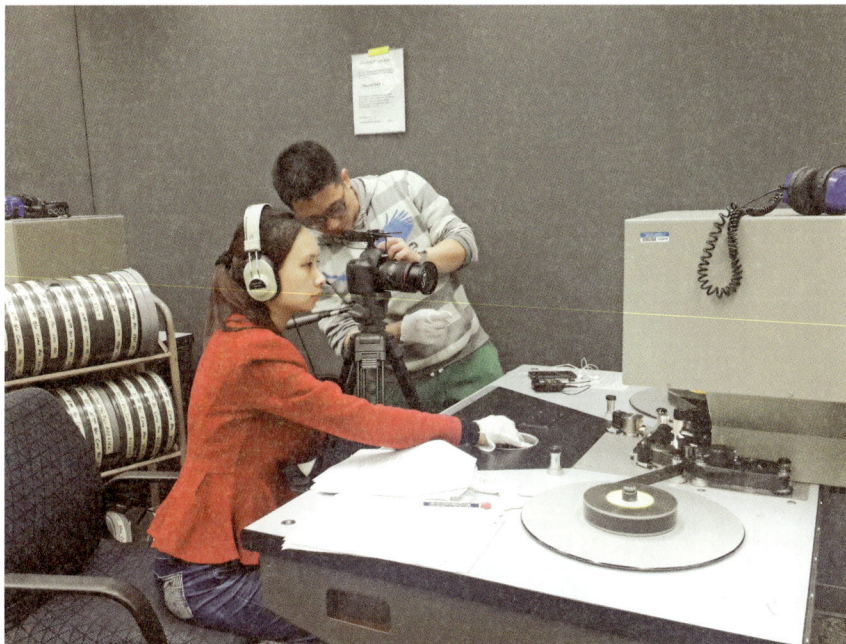

2015年4月，导演陈亦楠与摄像孔权在美国国家档案馆采集东京审判庭审画面（向隆万摄）

　　作为一支外语纪录片队伍，我们深知制作审判日本战犯的纪录片，**是一次让世界更好地了解中国为二战胜利所作贡献的机会，和平是人类过去和现在一直追求的永恒主题，这样的题材能在最大程度上争取到更多的国际友好人士**。就这样在接下来的几年里，我们以上海交通大学东京审判研究中心为学术依托，推出了三季聚焦二战后对日本A级战犯审判的纪录片《东京审判》。

　　2018年11月15日，美国东部迎来了那年冬天的第一场大雪。当晚，纪录片《东京审判》受邀在位于华盛顿的美国国家档案馆McGowan剧院展映，中国驻美大使馆公使李克新先生、美国观众、中美友好人士、东京审判中国代表团后人、上海广播电视台领导和主创团队纷纷到场。现场近300名观众前来观看，并给予高度评价。值得一提的是，**此次展映是美国国家档案馆近年来，首次放映中国主流媒体制作的纪录片**。

上海广播电视台
台长宋炯明赠予
美国国家档案馆
纪念版《东京审
判》纪录片

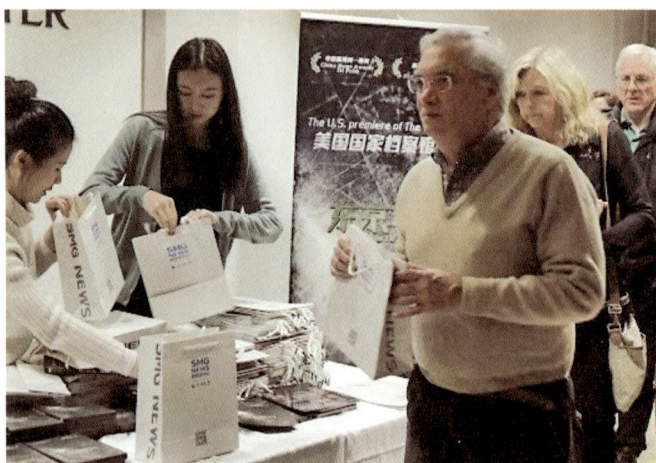

美国观众在美
国国家档案馆
McGowan剧院
大厅内入场（摄
制组摄于美国）

2019年，我们团队开始策划制作聚焦对日BC级战犯审判的八集纪录片《亚太战争审判》。然而，**相比审判A级战犯的东京审判，聚焦BC级审判的亚太战争审判，时间跨度更长，涉及的地理范围、人员更广**，从某种程度上说，更能反映二战后对日审判全貌，但是国际上对于亚太战争审判的学术研究非常有限，史料极为匮乏，这给纪录片的调研和拍摄带来了意想不到的困难。在东京审判研究中心的帮助下，导演组相当于开启了一项学术研究工作。策划《亚太战争审判》时，我们给这部纪录片定下了这样四个基调：客观真实、国际视角、以理服人、人文关怀。导演组之后的各项工作紧紧围绕这几方面展开。

导演组与东京审判研究中心主任程兆奇（中）、上海市作协原书记汪澜（右二）开策划会（王向韬摄）

### 1. 客观真实

BC级战犯审判涉及很多国家，**为了确保每一处史实都有据可查**，我大概统计了下，我们团队做了以下案头工作：世界各地相关的庭审影像资料一共有3 TB需要浏览，相当于900部电影的量；查阅

120 GB各种语言的庭审记录PDF文件，相当于2 000万字的文字；1.5万张战犯、庭审人员和参与者的照片需要辨认；翻阅160本不同语言的相关学术著作，其中很多**在亚马逊网站上还是孤本**。

部分参考书籍

除了克服学术上的难题，由于庭审画面的缺失，我们希望找到海内外这段历史的亲历者或知情人，一方面，给这部纪录片增加可信度，另一方面，大量的实地拍摄弥补了历史画面的不足，增强了可看性。

**由于这段历史发生在70多年前，在全世界寻找亲历者和相关人士非常不容易**。我们导演组发挥了外语专业的优势，尽可能千方百计地从蛛丝马迹的线索中，找到了一批海内外民间相关人士，他们或是百岁的亲历者，或是有亲人和同乡参与了二战，或是基于兴趣自费研究这段历史。他们给予了摄制组无私的帮助，为该片能够在世界各地顺利拍摄提供了保障。

## 2. 国际视角

整部八集系列片中，有三集片子聚焦中国审判。为了避免对外传播中自说自话和高亢的宣传痕迹，我们想邀请英国剑桥大学亚洲与中东研究学院教授顾若鹏担任三集《中国审判》的主持人。2015年，他出版了《从人到鬼，从鬼到人：日本战争罪行与中国审判》，这是第一本以中国对日本战犯审判为主题的英文研究专著。导演组想借助他在中国审判领域多年的研究，平和、理性地向世界讲述这段历史。然而，我们双方之间一开始的沟通却不是那么一帆风顺。在我和顾教授的往来邮件里，他要求我们签署一份协议：拍摄结束后的脚本要给他审，节目制作完毕也需通过他的签字同意才能播出。其实顾若鹏教授的顾虑不难理解，他担心被利用说了他本不想说的话，或是他的观点被媒体断章取义和曲解。在之后的多封邮件里，我们开诚布公地进行交流，解释纪录片秉承的唯物史观和基调，以真诚和专业度打消了顾教授的顾虑，得到了他的信任。2019年5月下旬，顾若鹏欣然答应担任主持人，他飞赴中国，和摄制组开启了在山西、河北、辽宁、北京、南京、上海等地的拍摄。

顾若鹏教授曾经在BBC Radio主持广播节目，参与《亚太战争审判》拍摄是他的电视荧屏首秀。节目在海外播出后，顾若鹏教授转来了**英国牛津大学中国研究中心主任拉纳·米**

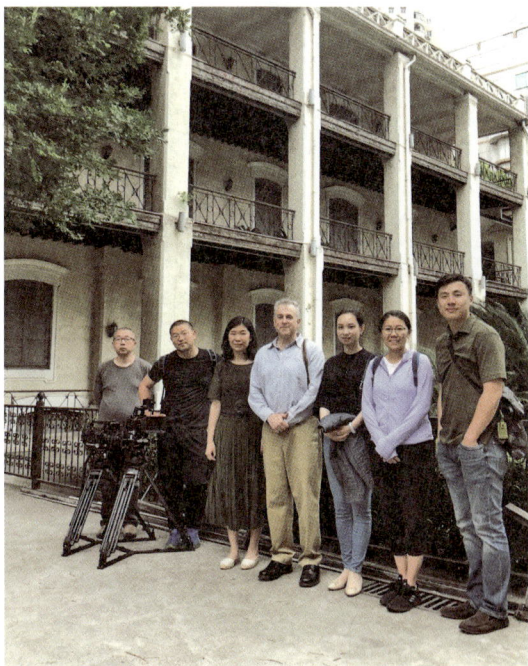

2019年5月25日，顾若鹏教授（中）抵达上海，随即投入拍摄（摄制组摄于徐家汇藏书楼）

特在《洛杉矶书评》上发表的文章，他撰文高度评价了纪录片《亚太战争审判》。拉纳教授著有《中国，被遗忘的盟友：西方人眼中的抗日战争全史》，通过其学术成果证实了中国抗战在世界二战中的地位和作用，并对中国抗战予以高度评价。他的肯定代表了西方新一代中国抗战史研究者的观点，具有权威性。

### 3. 以理服人

在后续的摄制过程中，摄制组**走访了29所世界级档案馆，挖掘了大量珍贵历史影音资料，其中，大部分是首次和世人见面**。除了掌握海量证据，我们还采访了来自美国、德国、澳大利亚、英国、荷兰、以色列、日本、新加坡、菲律宾等国家的**近50位国际专家学者**，尽可能多地让不同的声音都有表达的机会，立体式呈现了国际社会以法理精

摄制组在世界各地采访了不同国家在该领域的权威专家学者

神惩治战争罪行的过程。**客观、公正、理性的基调，让国际社会更加愿意去接受片中的中国观点。**

此外，摄制组实地拍摄了**40多位海内外历史事件的亲历者和后人，其中包括对多位当时还在世的百岁老人的抢救性采访，**首次公开了"地狱航船"、泰缅死亡铁路、活体解剖事件、父岛吃人事件、大久野岛毒气工厂、死亡行军等历史事件。通过各国人民对这段二战及战后审判历史的集体回忆，**讲述中国人民对二战胜利所起到的积极作用，展现同盟国对世界反法西斯战争作出的牺牲和贡献，**唤起人类的共同国家记忆，引发国际社会的强烈共鸣。

摄制组走访了多所世界级档案馆，挖掘了大量珍贵历史影音资料

我们特别注意到在二战中，中国军民的抗日战争艰苦卓绝。**然而，长期以来，在世界反法西斯战争中，中国东方主战场的作用却一直被西方社会所低估。**随着近几年学术界在审判领域里的新发现，重新评价中国的关键作用的时机日渐成熟。因此，在片中，我们特地还原了许多鲜为人知的中国史实。比如，第二集《活着回家》中舟山渔民营救英国落水战俘；第三集《生死飞越》中衢州的农民解救和保护美国飞行员；第四集《魂断异乡》里57名"八百壮士"远赴巴布亚新几内亚做劳工；第五集《万劫难归》中新加坡华侨因办第一份马来

半岛中文报刊遭日军屠杀等。这些事件展现了中国和东南亚军民，奋力抵抗日本侵略者，勇于自我牺牲，不惧危险，营救和保护同盟国军人等动人实例，受到海外观众的强烈关注。

摄制组实地拍摄了多位海内外历史事件的亲历者和后人

值得指出的是，甚至有些时候，我们**在海外的拍摄过程是在当地相关部门的全程监拍下进行的，而我们拍到的画面也是第一次在国内的电视媒体上曝光**。部分海外采访对象也是第一次接受中国媒体的采访，其中包括参与活体解剖美国飞行员手术的后人，这背后联系和采访的难度可想而知。正是通过一位位当事人的解读，多方的立体视角，才给这段历史的还原增加了可信度。

### 4. 人文关怀

在4大洲13个国家和地区，留下了我们导演团队带领摄制组探访的足迹，其中不乏许多不畏艰险"上天入海，深入丛林"的经历。导演俞洁在巴布亚新几内亚亲自浮潜进行水下拍摄；导演王芳在关岛上空带领观众体验二战时的枪林弹雨；导演朱雯佳在新加坡海滩边拍摄挖骨老人；导演王静雯在泰国北碧的丛林里，追寻当年战俘修建铁路的历史，她带回来的一枚生锈铁钉，至今还摆在我们的办公桌上……对于**每一位当事人、每一个事件、每一段历史的挖掘和呈现**，

2019年8月，导演俞洁在巴布亚新几内亚的拉包尔进行拍摄

粟明宪博士与摄像师黄日华、灯光师黄善祥在塔乌鲁火山脚下推抛锚的拍摄车

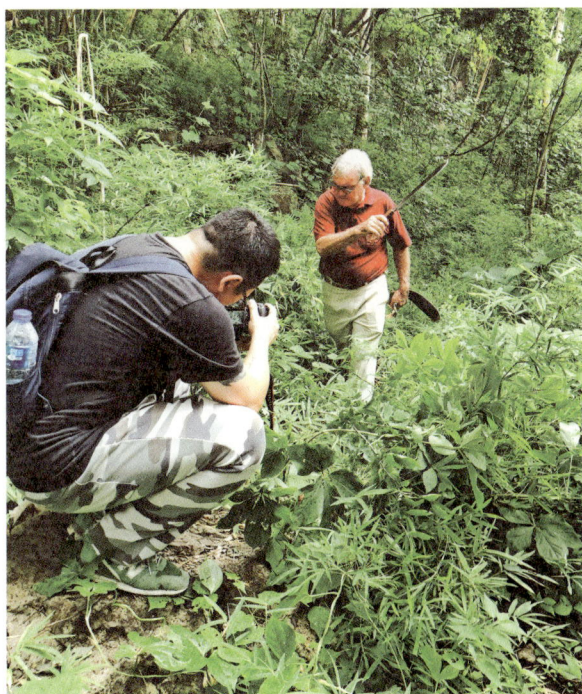

摄制组在泰国北碧丛林里探寻战俘修建的铁路遗迹

后记

都倾注着导演组对历史的尊重以及对从事纪录片工作这份职业的使命感。

在整个拍摄过程中，我们站在全人类的视角去审视这场战争。因此，我们所选取的拍摄对象，不仅来自受害国，也有来自施害国。摄制组拍摄采访了当时94岁的藤本安马老人，他曾实名揭露日本制毒事实，年幼时被骗进毒气工厂工作的他，至今能默写出制造毒气的化学方程式。同样地，摄制组还拍摄了参与活体解剖美军飞行员医生的后人、刑满释放回到日本的中归联成员等，从另一个侧面反映了战争对全人类带来的苦难和反思。

拍摄战争和审判题材的纪录片，另一个考验是摄制组在采访过程中，如何打开事件亲历者记忆的阀门，同时又把二次伤害降到最低。摄制组在河北采访北疃惨案幸存者李庆祥老人时，主持人顾若鹏和导演敖雪，谁都不忍心开口问老人那段经历，要迈出这一步实在太难了。最后，老人含泪说出妹妹惨死在地道中的过程，精通中文的

2019年5月30日，导演敖雪和宣福荣带领摄制组采访北疃惨案幸存者李庆祥老人

顾若鹏教授眼圈红了，导演马上示意摄像关机停止录影。这样的例子在我们采访过程中不胜枚举，比如在新加坡采访罗荣基老人，在香港采访港九大队的成员，在伦敦采访被救的英国战俘。摄制组**在采访过程中一次次聆听历史，并且感同身受地去理解和关怀拍摄对象，这是我们作为纪录片人应该怀有的基本素质。**

值得一提的是，2020年初，《亚太战争审判》完成所有拍摄进入后期制作时，遇到了新冠肺炎疫情的暴发。为了能赶在9月3日中国人民抗日战争暨世界反法西斯战争胜利75周年纪念日这个重要节点播出该片，营造良好的国内外舆论环境，主创团队在2020年2月，克服疫情带来的困难，以坚忍不拔的职业精神全程佩戴口罩完成后期剪辑制作。保证了该片在3月底完成上海广播电视台集团的审片和修改，送审上海市委宣传部和中宣部，并且如期播出，引起了强烈的社会反响。

感谢上海交通大学东京审判研究中心在学术上给予该片的大力支持，感谢海内外为此片提供线索、牵线搭桥、接受拍摄和采访的国际和国内各界人士，感谢上海广播电视台给予的信任和支持，感谢纪录片中心和融媒体中心的关心和各部门间的精诚合作，感谢所有参与此片摄制的同仁们，以及每一位为此片作出过贡献的人，由于条件所限，不一一提及了。最后，还要感谢上海交通大学出版社，正是该社的慧眼识珠，我们的这段经历以及挖掘的珍贵史料和真相，才有机会与读者大众见面。

在此书截稿时，纪录片《亚太战争审判》获美国泰利奖电视纪录片历史类金奖，**这说明了国际社会对中国在二战中起到的东方主战场作用的认可，以及世界人民渴望和平的共鸣。**今年恰逢中国抗日战争爆发90周年，该片能够得到国际社会的肯定，是对这段历史和亲历者的告慰。